Lo que Dios hace siempre tiene sentido

VÍCTOR A. VÁZQUEZ

PRÓLOGO POR
SAMUEL PAGÁN

Lo que Dios hace siempre tiene sentido

Lo que Dios hace siempre tiene sentido
Víctor A. Vázquez

© 2024 Centro de Investigaciones y Publicaciones (CENIP)
Hecho el Depósito Legal en la Biblioteca Nacional del Perú N° 2024-09493
Primera edición, setiembre 2024

Categoría: Religión - Vida cristiana

ISBN N° 978-612-5026-44-6 | Edición impresa
ISBN N° 978-612-5026-45-3 | Edición digital

Editado por:
© 2024 Centro de Investigaciones y Publicaciones (CENIP)
Para su sello editorial: Ediciones Puma
Av. 28 de Julio 314, Int. G, Jesús María, Lima
Apartado postal: 11-168, Lima - Perú
Telf.: (51) 993246266
E-mail: administracion@edicionespuma.org | ventas@edicionespuma.org
Web: www.edicionespuma.org
Ediciones Puma es un programa del Centro de Investigaciones y Publicaciones (CENIP)

Edición: Alejandro Pimentel
Diagramación: Hansel J. Huaynate Ventocilla

Salvo indicación especial, las citas bíblicas se han tomado de la Nueva Versión Internacional © 1999 por la Sociedad Bíblica Internacional.

ISBN N° 978-612-5026-44-6

Impresión bajo demanda

A mi gran amigo el Dr. Samuel Pagán.
Hombre de fe inquebrantable, de convicciones firmes y justas. Digno representante del reino de Dios. Heraldo del Altísimo.
Has dejado una herencia invaluable en el mundo de la literatura cristiana y una huella en el corazón de todos los que te hemos conocido y recibido tus enseñanzas. ¡Nos conceda el Señor tenerte por muchos años más!

Contenido

Prólogo

Es con sumo placer que doy la más grata y cordial de las bienvenidas al nuevo libro del colega Víctor Ariel Vázquez, *Lo que Dios hace siempre tiene sentido*. La obra, que refleja el pensamiento teológico y pastoral de un buen ministro del evangelio, pone de manifiesto una serie de enseñanzas de gran importancia para vivir de manera liberada, con salud mental y espiritual. En efecto, este libro es una muy buena lectura para quienes anhelan vivir con sentido de dirección y seguridad en momentos en que la vida parece no tener sentido.

Uno de los desafíos más grandes de la existencia humana es enfrentar adversidades que no tienen sentido, que no parecen lógicas, que se hacen muy difícil de entender. Y el pastor Vázquez, aunque entiende que responder con sabiduría y seguridad a esas exigencias extraordinarias no es tarea fácil, presenta una serie de buenos ejemplos bíblicos, que pueden contribuir positivamente al proceso de toma de decisiones personales, familiares, comunitarias y profesionales.

De singular importancia en la obra del pastor Víctor están los ejemplos que utiliza para afirmar sus enseñanzas. Los contextos en los cuales se encuentran las narraciones bíblicas no deben ignorarse, pues reflejan dinámicas existenciales que pueden relacionarse con las personas y las vivencias que se experimentan en el siglo veintiuno. Y esa peculiaridad literaria e histórica, permite la construcción de puentes educativos entre las narraciones de las Sagradas Escrituras con la sociedad contemporánea.

Los personajes que utiliza nuestro buen colega para articular su escrito no son superhéroes, traídos de alguna novela o película de ciencia-ficción. Por el contrario, provienen de narraciones escriturales que reflejan las realidades de la vida, y que ponen claramente de manifiesto los conflictos, las amarguras y los sinsabores que viven las personas. Además, revelan actitudes nobles y expresiones de fe que permiten trascender las agonías y las lágrimas, para superar de manera efectiva los escollos y salir airosos de sus adversidades. Y es de esa manera que el profesor Víctor Vázquez presenta sus ideas con sentido de dirección, claridad temática, y firmeza emocional y espiritual.

Los personajes bíblicos que Víctor utiliza en su libro son los siguientes: Abraham, Moisés, Josué, David, Elías y, finalmente, Jesús. La esencia teológica y pedagógica del libro es que todas estas narraciones bíblicas presentan a estos personajes obedeciendo a Dios en momentos de desafíos extraordinarios y en instantes de angustias extremas. En la hora de la adversidad extrema, estos personajes bíblicos respondieron a los desafíos de la existencia humana con seguridad, esperanza y valor. Confiaron en Dios en el momento adecuado y vieron los resultados positivos de la fe.

Un componente teológico, educativo y pastoral de importancia —y también existencial— de este buen libro, se relaciona con la comprensión humana de la voluntad divina. El gran reto que el pastor Vázquez presenta a los lectores es uno muy directo y práctico: ¿Qué deben hacer los creyentes ante el descubrimiento de la voluntad de Dios? ¿Esperar a entenderla bien o actuar con fe anticipando el futuro? ¿Cómo deben actuar las personas de fe ante los grandes retos de la vida cuando se debe vivir a la altura de los valores del reino? Y añade nuestro buen autor, desde una muy clara perspectiva pastoral, sobria y sabia, que se debe decidir y actuar de acuerdo con la voluntad de Dios, aunque no se descubra sentido pleno en esas decisiones.

El pastor Vázquez desafía a sus lectores a dar un paso de fe y descubrir que, lo que aparentaba no tener sentido, lleva al triunfo en la vida y al descubrimiento de nuevas posibilidades de la existencia humana. Y esas decisiones fundamentadas en la fe permiten vivir vidas liberadas, transformadas, restauradas, y con buena salud mental y espiritual.

Este libro del pastor Vázquez puede constituirse en buena lectura para gente madura en la fe, que desea comprender algunas complejidades de la vida; además, las personas nuevas en las congregaciones pueden descubrir enseñanzas y valores que les orienten en momentos de indecisión, desafíos e inseguridades. También esta obra puede ayudar a quienes tienen ministerios pastorales y educativos a comprender mejor algunos pasajes bíblicos, que posteriormente pueden utilizar en sus enseñanzas y predicaciones.

Agradezco a Víctor Vázquez, que es mi estudiante doctoral en el Seminario Teológico Fuller, el privilegio de prologar este buen libro, que estoy seguro será de gran bendición a creyentes de diversos trasfondos y experiencia de vida, a crecer, disfrutar y compartir la fe.

Gracias, Víctor, y gracias, lectores que van a ser bendecidos con la lectura de este nuevo libro.

Dr. *Samuel Pagán*
Clermont, Florida
30 de julio de 2024

Introducción

Hay quienes piensan que hablar de la muerte de Cristo
en la cruz es una tontería…
Mas, para los que sí van a salvarse, es decir, para nosotros,
ese mensaje tiene el poder de Dios.
Saulo de Tarso

Todos, sin excepción, hemos recibido en algún momento dado de nuestra vida cristiana una encomienda, un mandato, una ordenanza, una misión o una tarea de parte de Dios. Y, no me cabe duda de que para la mayoría de nosotros no ha habido ningún problema con obedecer y cumplir desprendidamente y de manera ferviente la misión asignada.

El problema está, cuando dicha encomienda raya, según nuestra concepción humana, con la improbabilidad, con que no parezca tener sentido, aparente ser ridículamente absurda, descabellada y hasta ilusoria; pero que, aun así, Dios insiste en que se debe realizar al detalle, tal y como lo ha ordenado.

En muchas ocasiones, estas últimas nos paralizan. Nos plagan de dudas al punto de insistirle a Dios que nos confirme una y otra vez (las señales del vellón mojado y seco, aludiendo al relato de Gedeón de Jueces 6) lo que claramente desde el principio él nos ha ordenado, para que finalmente podamos cumplir con dicha encomienda. ¿Te ha sucedido alguna vez? ¡A mí sí, y a muchos otros que conozco!

El libro que tienes en tu mano no solo responderá a estas y otras interrogantes, sino que te inspirará para que en el nombre de Jesucristo puedas alcanzar gloriosas victorias, lograr triunfos avasalladores y realizar proezas inimaginables.

Es por ello que este libro no es común y corriente. Fue escrito pensando en gente como tú, sensible a la voz de Dios, que desea ardientemente cumplir el propósito de tu existencia, y caminar por la senda que el inmensurable Dios creador del universo te ha trazado.

No estoy diciendo que la tarea será fácil y que el esfuerzo requerido es nimio. Para esta misión, se requiere una total y desprendida obediencia con la humildad y sencillez de corazón necesarios para alcanzar el éxito. Y, no tengo dudas, mi querido/a amigo/a de que cumples con ello, o, por lo menos, estás en proceso de alcanzarlo.

Este libro también desafía la fe tradicional. La fe que se enclaustra en la forma en que pensamos que Dios debería responder o accionar en la historia humana. Nos lleva a ver a un Dios tan diverso como las gotas de agua que durante la lluvia mojan el suelo, y tan creativo como el pintor que con su pincel plasma en el lienzo las imágenes más encantadoras, hermosas e inimaginables para el deleite del ojo humano.

Esa fe, unida a la obediencia, producirá resultados sorprendentes e inimaginables que te inspirarán a hacer lo que sea que Dios te pida, con el fin de manifestar su gloria sea manifestada y establecer su voluntad.

La Biblia está repleta de historias como estas, donde Dios escogió a gente común y corriente y luego les encargó que realizaran hazañas que al principio eran extremadamente incomprensibles, ridículas, escandalosas y hasta descabelladas. Sin embargo, aprendemos de cada una de ellas que, cuando las personas escogidas obedecían el mandato divino, pese a no entender las razones de tal encomienda, lograban alcanzar grandes y sorprendentes victorias, cumplieron innumerables proezas y realizaron obras extraordinarias que impactaron positivamente no solo sus propias vidas, sino también la de miles de personas.

Esto nos demuestra que, aunque por nuestra limitada concepción no podamos alcanzar a entender los designios de Dios, puesto que son insondables, podemos estar tranquilos y confiados, pues como dice el profeta: «sus planes siempre son de bienestar y no de calamidad a fin de darnos un futuro lleno de esperanza» (Jeremías 29.11).

Estos héroes de la Biblia, de los que aquí hablaremos, marcaron la historia con sus hazañas: Abraham lo dejó todo sin saber a dónde iba y se convirtió en el padre de la fe. Moisés, con tan solo una vara logró que el faraón dejara libre a su pueblo. Josué no hizo más que caminar alrededor de las murallas de Jericó, y estas cayeron al suelo. Con tan solo romper unos cántaros y sonar unas trompetas, Gedeón hizo huir despavorido a todo un ejército. Con una honda y una piedra el joven David derribó a un gigante llamado Goliat. Y, qué si te digo que un catador de vinos de nombre Nehemías reconstruyó los inmensos muros de Jerusalén. ¿Creerías que Dios amaestró unos cuervos para que le llevaran pan y carne al profeta Elías? O, que Eliseo le ordenó al leproso Naamán que se sumergiera siete veces en el río Jordán y su lepra desaparecería tal como lo predijo. Y qué pensar de Sama el ararita, quien, sin apoyo alguno defendió con valentía y determinación una pequeña parcela de lentejas, haciendo huir a una bandada de sicarios que lo amenazaban. Y, finalmente, el más grande de todos, Jesús el Mesías; quien, en su encarnación se despojó de su gloria y majestad a la diestra del Padre, para entregar su vida en propiciación por nuestros pecados; vencer con su resurrección al que tenía el poder de la muerte (Satanás), y tras su victoria ser exaltado hasta lo sumo, otorgándosele un nombre que es sobre todo nombre.

Todos, sin excepción, obedecieron al Dios del cielo aun cuando su encomienda parecía inverosímil, sin embargo, ahí están los resultados.

¿Y tú mi querido/a amigo/a, qué vas a hacer? ¿Te quedarás sentado esperando entender los planes de Dios para tu vida o te levantarás y caminarás hacia adelante a la mayor aventura de fe que jamás hayas imaginado?

Te desafío en este día, a que en nombre del Señor Jesucristo hagas algo que parezca sin sentido como las historias que describiremos en estas páginas. Únete a aquellos valientes hombres y mujeres de Dios que han enfrentado el ridículo o hecho cosas inimaginables y hoy ven el buen fruto de su fe activa. ¡Vamos! Ora declarando sanidad a un enfermo de cáncer. Profetízale a un adicto a las drogas que Dios lo convertirá en evangelista. Dile a una mujer estéril, que para el próximo año abrazará a un hijo. Y a un alcohólico, que en vez de licor se embriagará con el Espíritu Santo… No tengas temor, ¡El poder de Dios es ilimitado!

¡Dios es más grande de lo que jamás podríamos imaginar! Recuerda, no tienes que conocerlo todo ni siquiera tratar de tener el control en lo que emprendas, solo sé obediente hasta el final, deja que Dios tome el control. Él sabe lo que hace. Y cuando triunfes y sobrepases todas las barreras en el camino, comprenderás que *lo que Dios hace siempre tiene sentido,* pues él conoce el final desde el principio.

Víctor Ariel Vázquez

Un viajero sin destino

El Señor le dijo a Abram:
«Deja tu tierra, tus parientes y la casa de tu padre,
y vete a la tierra que te mostraré».
Génesis 12.1, NVI

Cuando el evangelista argentino Carlos Annacondia recibió el llamado del Señor, trabajaba para una empresa familiar que generaba grandes ingresos anuales. La vida le sonreía y no tenía necesidad de nada. En respuesta a su llamado, Carlos decide renunciar a todos sus beneficios con tal de obedecer la encomienda de predicar el evangelio, aunque nunca había predicado ni sabía por dónde empezar o hacia dónde dirigirse. Al principio, su familia, sus compañeros empresarios, sus amigos políticos y otros, trataban de persuadirle haciéndole ver que su decisión lo llevaría a la bancarrota. Incluso, algunos llegaron a pensar que Carlos se había desconectado de la realidad, que se había vuelto loco.

Carlos, sin embargo, decidió obedecer a Dios a costa de su propio bienestar económico y social. Al principio de su trayecto, tuvo que enfrentar una infinidad de obstáculos, pero este valiente hombre había decidido creerle a Dios y nada haría que dé marcha atrás. Desde el día en que Dios le llamó hasta hoy, han pasado más de cuarenta años, y este gran hombre de Dios ha recorrido el mundo predicando a Jesucristo y miles de almas han alcanzado la salvación por medio de su ministerio evangelístico. Si Carlos no hubiera respondido al llamado de Dios, tal vez esas vidas no hubiesen conocido al Señor y los grandes avivamientos que se produjeron en Argentina, producto de su ministerio junto con el de otros, no se hubiesen alcanzado.

Ciertamente, este gran hombre de Dios es un vivo ejemplo de lo que en este capítulo queremos compartir. Que no importa cuán tonta, improbable o hasta ridícula pudiera parecer ante nuestra razón humana un mandato divino, la obediencia traerá como resultado una irrupción de poder del Espíritu Santo, milagros y prodigios sorprendentes.[1]

¿A quién enviaré?

> Y oí la voz del Señor que decía: ¿A quién enviaré, y quién irá por nosotros? Entonces respondí: Heme aquí; envíame a mí.
>
> *Isaías 6.8*

Desde que entró el pecado al mundo, los seres humanos han persistido en seguir sus propios deseos en lugar de confiar en la guía de Dios. Todos han decidido desobedecer a Dios una y otra vez, y esto trajo como resultado el sufrimiento, las enfermedades, el dolor, el egoísmo, la violencia y finalmente la muerte. La raza humana llegó a ser tan corrupta que Dios la arrasó toda, excepto a un puñado de vidas: Noé y su familia (ver Génesis 6-9).[2]

De continuo, la humanidad en su desenfrenado egocentrismo y su deseo de satisfacer sus impulsos pecaminosos cayó en una condición moral que no era mejor que la anterior. Dios pudo haberle dado la espalda a su creación y abandonarla a su ignorancia autodestructiva, sin embargo, no lo hizo. En su infinito amor y misericordia decidió una vez más buscar al ser humano para hacer de él su pueblo.

Para realizar su plan divino y redimir al mundo, Dios decidió comenzar con un hombre. Él haría de ese hombre un modelo receptor de la gracia salvadora y lo establecería como el padre fundador de una nación nueva y única. Con el tiempo, conforme el plan se iba

---

1 En su libro *¡Oíme bien, Satanás!* el evangelista Carlos Annacondia habla sobre su llamado y ministerio.
2 Charles Swindol, *Abraham: La increíble jornada de fe de un nómada* (Illinois: Tyndale House, 2015), 2.

desarrollando, esa nación llegaría a ser el medio por el que todo el mundo podría enterarse del verdadero Dios Salvador y regresar a él.[3]

El hombre con el que Dios comenzó su plan redentor se llamaba Abram (heb. *padre excelso*), nombre al que respondió hasta los primeros 99 de sus 175 años, pero que el Señor cambió a Abraham, que en hebreo significa «padre de multitudes». Según la Biblia, Abraham es oriundo de «Ur de los caldeos» (Génesis 11.28). La tierra de los caldeos, conocida también como Mesopotamia, estaba ubicada en el Irak de la época actual y, en el tiempo en que Abram fue llamado, era una ciudad sumamente idólatra, en la que abundaban los dioses relacionados a la naturaleza, como el sol, la luna, la tierra, el viento, etc. (Josué 24.2).

A pesar de ello, cuando Dios se le apareció a Abraham, no le presentó una declaración doctrinal ni requirió rituales ni le planteó demandas, sino que le hizo un ofrecimiento. No le dijo que él era el único Dios que existía ni le exigió que dejara de adorar a cualquier dios que estuviera adorando su familia. No le dijo que se librara de los ídolos ni proclamó que vendría un Mesías para salvar a la humanidad. Por el contrario, dijo que le daría algo a Abraham si éste estaba dispuesto a abandonar algunas cosas no muy pequeñas antes de aceptar o rechazar la encomienda divina.

Aunque no se nos da ninguna indicación de que el Señor explicara o exigiera una creencia monoteísta ni que Abraham respondiera con ella, es claro que el culto a Dios dominó la experiencia religiosa de Abraham. Al romper con su tierra, su familia y su herencia, también se desligaba de sus vínculos religiosos, porque las deidades tenían un vínculo con las divisiones geográficas, políticas y étnicas. En su nueva tierra, Abram no tendría dioses territoriales, como nuevo pueblo no habría llevado dioses familiares, ni tendría dioses de su nación o ciudad y fue el Señor quien llenó este vacío cuando se volvió el «Dios de Abraham, de Isaac y de Jacob».[4]

Antes del llamado a Abram, su padre Taré se había mudado a Harán y se llevó consigo a Abram junto a su esposa Sarai y a su sobrino huérfano Lot. Fue en Harán cuando Dios se le reveló a Abraham por

---

3 *Ibid.*
4 John H. Walton, *et al.*, *Comentario al contexto cultural de la Biblia* (Texas: Mundo Hispano, 2004), 38.

primera vez y le hizo una sorprendente promesa. Si le obedecía con fidelidad, por medio de él y sus descendientes bendeciría a todas las naciones de la tierra. No obstante, para que esto sucediera, Abram tenía que abandonar todo lo que hasta este momento era importante para él. «Vete de tu tierra y de tu parentela, y de la casa de tu padre, a la tierra que te mostraré» (Génesis 12.1-3).

La tensión de la fe

Este llamado podría parecer un tanto alocado y hasta ridículo si se considera desde la racionalidad humana. Para Abraham, obedecer a Dios implicaba que tenía que abandonar todo aquello que le era familiar, sus amigos, la mayor parte de su familia y todo lo que él creía que le daba seguridad, prosperidad y paz, a fin de salir al desierto, hacia un destino incierto, para obedecer a un Dios que acaba de conocer y que lo primero que le pide es que lo abandone todo por él. Dios le estaba pidiendo que renunciara por él a casi todas las esperanzas del mundo y a las cosas que anhelan los seres humanos. Creo que con tan solo pensar en semejante solicitud divina a muchos cristianos de hoy se les encresparía hasta el último cabello del cuerpo.

No hay duda de que en la mente de Abraham hubo un mar de interrogantes sin respuestas ante tamaña petición. Sin embargo, a pesar de su limitada concepción de la voluntad divina, Abraham decidió obedecer. «Y creyó Abraham a Dios, y le fue contado por justicia, y fue llamado amigo de Dios» (Santiago 2.23). Dios lo envió, y él fue, aunque «salió sin saber a dónde iba» (Hebreos 11.8).

Ahí reside la tensión de la fe: dejar lo que es seguro por algo solo posible, colgado de la palabra de Dios. Al empobrecimiento total se suma el riesgo de fiarse de alguien que bien pudiera no existir, y perderlo todo por nada. Se exige una fe activa: Abraham no se queda a la espera de que el Señor realice sus promesas, sino que se pone en camino para buscar la tierra que, al fin y a la postre, es búsqueda de Dios y del sentido que tiene la vida compartida con él. Así de radical y absoluta es la fe y la confianza que el Señor exige.[5]

---

[5] Juan Guillén Torralba, *Comentario al Antiguo Testamento* I (Madrid: Verbo Divino, 1999), 138.

Por eso, la conversión de Abraham queda registrada como una de las más notables en la historia bíblica. Su obediencia al Dios del cielo daría como resultado que todas las naciones fuesen bendecidas por medio de su familia, de su descendencia (Génesis 12.7). Es importante notar que por el milagro de las lenguas en Babel los hombres fueron esparcidos, y gradualmente se apartaron de la verdadera religión (ver Génesis 11.1ss). Y, por otro milagro, el llamamiento de Abraham, las barreras nacionales fueron echadas abajo para que todos los hombres pudiesen ser traídos de nuevo a Dios.

De nuevo el caos y de nuevo el Señor interviene en la historia por medio de su palabra, con una orden y una promesa. Llama a un hombre y, en él, elige a un pueblo. Elección que no es un privilegio, sino la invitación a realizar una tarea difícil: ser puente entre los hombres y Dios. Abraham es el «hombre nuevo», padre de la humanidad cuyo culmen será Jesús.[6]

«Partió Abraham como le había dicho el Señor» (Génesis 12.4): en un solo verbo cabe toda la audacia del creyente. En el texto hebreo, al verbo de la orden responde el de la obediencia; es la respuesta del que se fía. Nada de explicaciones. El texto quiere que el oyente descubra lo que pasa por el interior del héroe de la fe viéndole actuar. Un verbo lo dice todo, «partió»: confianza, aceptación del riesgo, marcha hacia lo desconocido y obediencia a la palabra de Dios.

La respuesta de Abraham al llamado divino para dirigirse a otras tierras ha cautivado la imaginación de muchos buscadores de la voluntad de Dios. Su viaje por fe no fue un fantástico cuento de hadas, sino que tiene el sello de una lucha a muerte contra un mundo hostil, el hambre y algunas rencillas familiares (Génesis 13.6-12). Abraham sufrió reveses, pero perseveró en su empeño de lo que él creía era la voluntad de Dios, esto es, llegar a Canaán, hoy conocida como Palestina, tierra a la que lo envió el Señor para que la poseyera y se fructificara en ella.

¿Y cómo será esto, si...?

Al parecer todo marchaba miel sobre hojuelas, camino a la tierra que Dios lo envió. Sin embargo, junto con los problemas que tuvo que

---

[6] *Ibid.*

enfrentar en el camino se añadía otro, que amenazaba con entorpecer esta y otras promesas hechas por Dios a este valiente hombre; su esposa Sarai era estéril, y él ya era muy viejo para entenderlo. Para este tiempo, en la mentalidad oriental, no tener prole significaba que la deidad en la que creían los había abandonado. Con todo y esto, Abraham decidió creer en esperanza contra esperanza y esperó pacientemente el cumplimiento de la promesa que le hizo el Señor de que su descendencia sería muy numerosa.

> Luego el Señor lo llevó afuera y le dijo: Mira hacia el cielo y cuenta las estrellas, a ver si puedes. ¡Así de numerosa será tu descendencia!
>
> *Génesis 15.5*

Sin embargo, a medida que los años se convertían en décadas, la promesa divina se iba haciendo cada vez más difícil de creer. Finalmente, después que Abraham cumplió más de cien años y Sarai más de noventa (Génesis 17.17; 21.5), ésta dio a luz a un hijo, Isaac. Tras la promesa de que esta tendría un hijo, lo que fue un tremendo milagro dado a su longevidad, el Señor le cambió el nombre de Sarai por el de Sara que significa «princesa» (Génesis 17.15).

Se veía con toda claridad que se trataba de una intervención divina, de manera que el nombre de Isaac significa «risa», como referencia, tanto al gozo de sus padres, como a lo difícil que les había sido creer que Dios les daría algún día lo que les había prometido.[7]

Una escalofriante encomienda

Muchas parejas que desean tener un hijo piensan que tener ese hijo que tanto desean les resolvería todos sus problemas, pero las cosas nunca son así. Los que lean Génesis 12-21 podrían pensar de igual manera, creyendo que el nacimiento de Isaac sería el punto culminante y último capítulo de la vida de Abraham. Su fe había triunfado. Ahora podría morir feliz, después de haber cumplido con el llamado de Dios de salir de su tierra de origen y abrazar el hijo varón que Dios le había concedido tener. Pero entonces, para sorpresa de todos,

---

7 Timothy Keller, *Dioses falsos* (Miami: Vida, 2011), 31.

Abraham recibió de Dios un llamado más. Y no habría podido ser más sorprendente.

> Toma ahora a tu hijo, tu único, Isaac, a quien amas, y vete a tierra de Moriah, y ofrécelo allí en holocausto sobre uno de los montes que yo te diré.
>
> *Génesis 22.2*

Aunque lo desconocía por completo, a Abraham le faltaba enfrentar la peor de todas sus pesadillas. Dios decide poner a prueba su fe con una escalofriante encomienda, ofrecer a su amado hijo Isaac, el que le había sido dado como el heredero de la promesa, y sacrificarlo como ofrenda quemada en una de las montañas que se le mostraría. Esta orden no surgió de su propio corazón, no fue un pensamiento sugerido en vista de los sacrificios humanos de los cananeos, para que ofreciera un sacrificio similar a su Dios; ni tampoco se originó por el tentador del mal. La palabra vino del Dios personal y verdadero al que había obedecido en todo, pero que ahora le está demandando el sacrificio de su amado hijo Isaac, como prueba y testimonio de su fe. Por supuesto, Abraham pensaría que aquella orden no tenía sentido alguno, y que contradecía todo lo demás que Dios le había dicho para su vida, que sería padre de multitudes, y que por medio de su decendencia serían benditas todas las naciones y, sin embargo, aun sabiendo la irracionalidad de la encomienda, Abraham volvió a demostrar los quilates de una fe radical y obedeció.

A veces, los procesos por los que Dios nos hace pasar son incomprensibles. Como hombres y mujeres vulnerables y finitos que somos, podemos llegar a pensar que, si amamos al Señor con todo nuestro corazón, con toda nuestra alma, con toda nuestra mente y con toda nuestra fuerza, nada malo podrá sucedernos. Jesús, sin embargo, nunca prometió que si somos fieles a él todo nos saldría bien en cada instante de nuestras vidas. Por el contrario, en sus propias palabras citadas por el autor del evangelio de Juan nos dice: «Estas cosas os he hablado para que en mí tengáis paz. En el mundo tendréis aflicción; pero confiad, yo he vencido al mundo» (Juan 16.33). Esto significa que mientras vivamos en esta tierra, tanto justos como pecadores, sufriremos los estragos de las tormentas, los terremotos, los sunamis, las guerras y las vicisitudes que como seres humanos nos llegan con demasiada frecuencia. La clave está en que, a pesar de esta realidad existencial en el Señor, tendremos la paz y la seguridad que solo Dios puede darnos. «Aunque ande en valle de sombra de muerte, no temeré mal alguno; porque tú estarás conmigo: tu vara y tu cayado me infundirán aliento» (Salmo 23.4).

Creer cuando todo nos está saliendo de maravillas es tarea fácil. Pero, creer cuando en nuestro mundo todo está patas arriba, cuando no parece haber solución para nada o, como en el caso de Abraham, Dios nos pide que renunciemos a lo que más amamos con tal de hacer su voluntad, eso es tarea sumamente difícil, aunque necesaria. «Dios siempre tiene la razón». Y, conoce la tendencia humana de reemplazarle por las cosas que valoramos. Por ejemplo, con el joven rico fue su dinero (ver Marcos 10.21-22) y en el caso de Abraham fue su hijo Isaac.

Del relato bíblico se desprende que Abraham amaba a Isaac más que ninguna otra cosa en el mundo. Cuando Isaac nació, Abraham sintió que entonces su comunidad vería por fin que él no había sido un necio al renunciar a todo para confiar en la palabra de Dios. Por fin tendría un heredero; aquello que todos los patriarcas del Oriente Medio querían en la Antigüedad. ¡Había esperado y se había sacrificado, y por fin, su esposa Sara le había dado descendencia, y era varón!

Pero ahora, como bien señala Timothy Keller, cabe preguntarnos: ¿Había estado esperando y sacrificándose para Dios o para el niño? ¿Acaso Dios solo era el medio para conseguir un fin? En última instancia, ¿a quién le estaba dando Abraham su corazón? ¿Había aprendido a confiar solo en Dios, a amar a Dios por lo que él es, y no solo por lo que podría obtener de él? No; todavía no.[8]

El camino del dolor

Abraham tenía que demostrar ahora que realmente estaba dispuesto a hacer cualquier cosa por obedecer a Dios. Sin tomar consejo de hombre alguno, Abraham comenzó temprano por la mañana (ver Génesis 22.3-8), con su hijo Isaac y dos siervos, para obedecer el mandato divino; y al tercer día (porque la distancia de Beerseba hasta Jerusalén es de veinte

---

[8] *Ibid.*, 32.

horas y media aproximadamente); vio a la distancia el lugar mencionado por Dios, la tierra de Moriah.

Cuando tuvo a la vista el distante monte, Abraham dejó a los siervos con el asno, para poder realizar la última y más difícil parte del viaje solo con su joven hijo Isaac, y, como dijo a los siervos: «yo y el muchacho iremos hasta allí y adoraremos, y volveremos». Los siervos no debían ver lo que sucedería allí, porque no podrían entender esa «adoración», y el tema incluso para él estaba envuelto en la más profunda oscuridad, a pesar de haber dicho: «y volveremos a vosotros».

La última parte del viaje está circunstancialmente descrita en los versículos 6-8, para mostrar cuán fuerte conflicto produjo cada paso en el corazón paternal del patriarca. Van los dos juntos, él con el fuego y el cuchillo en la mano, y su hijo con la leña para el sacrificio sobre su hombro. En ese instante, habló Isaac a Abraham su padre, y le hizo la pregunta más desgarradora que un hijo le pudiera hacer a un padre descorazonado: «Padre mío, he aquí el fuego y la leña; mas ¿dónde está el cordero para el holocausto?» Y el padre no responde: «tú eres el sacrificio, hijo mío», sino que dijo: «Dios se proveerá de cordero para el holocausto, hijo mío».[9]

Dios responde en el momento preciso

Habiendo llegado al lugar indicado, Abraham construyó un altar, puso la leña sobre éste, ató a su hijo y lo tendió sobre la leña del altar, entonces tembloroso y sin aliento estiró su mano y tomó el cuchillo para sacrificarlo.

En este momento funesto, el cielo guardó silencio. Las aves no cantaban. El viento dejó de soplar. Los ríos detuvieron su caudal. Y la Osa, el Orión y las Pléyades lloraban juntos al angustiado padre. Cuando Isaac yacía atado como un cordero sobre el altar, a punto de recibir el golpe fatal, el ángel del Señor llamó a Abraham desde el cielo para que se detuviera, y que no le hiciera daño al muchacho. Porque ahora el Señor sabía que Abraham era temeroso de Dios, y que la obediencia de su fe se extendía incluso al punto de sacrificar a su hijo

---

[9] Keil & Delitzsch, *Comentario al texto hebreo del Antiguo Testamento*. Tomo 1 (Barcelona: CLIE, 2008), 117.

amado. El sacrificio ya se había completado en su corazón, y había satisfecho los requisitos de Dios por completo. Él no debía sacrificar a su hijo, por tanto, Dios evitó el cumplimiento externo del sacrificio por una intervención inmediata, y le mostró un carnero, que él vio, probablemente cuando se percató de un ruido entre las ramas, debido a los cuernos trabados en un zarzal; y como una ofrenda provista por Dios mismo, lo sacrificó en lugar de su hijo.[10]

Dios respondió en el momento preciso porque Abraham manifestó y sostuvo su fe mediante grandes sacrificios, teniendo paciencia y negándose a sí mismo en una obediencia tal que con ella llegó a ser el «padre de todos los creyentes [...] y su fe le fue contada por justicia» (Romanos 4.11). Finalmente, el viajero sin destino encontró el camino por donde debía transitar. Desde entonces, millones de personas en todo el mundo siguen las pisadas de la fe que tuvo nuestro padre Abraham.

---

[10] *Ibid.*

Capítulo 2

Im - ¡pedidos!

¡Pero es que yo no sé hablar bien!
Siempre que hablo, se me traba la lengua,
y por eso nadie me hace caso.
Este problema lo tengo desde niño.
Éxodo 4.10, TLA

Cuando Jorge era apenas un niño, recibió un duro golpe que cambiaría su vida para siempre. Había sido diagnosticado con una enfermedad irreversible llamada poliomielitis. Según la Organización Mundial de la Salud, la poliomielitis o polio, como comúnmente se la conoce, es una enfermedad altamente contagiosa ocasionada por el poliovirus. En uno de cada doscientos casos, el virus destruye partes del sistema nervioso, ocasionando la parálisis permanente en piernas o brazos. Aunque es muy raro, el virus puede atacar las partes del cerebro que ayudan a respirar, lo que puede causar la muerte.

Aunque en este tiempo ha habido uno que otro contagio de poliomielitis, la cierto es que la enfermedad ha sido erradicada casi en su totalidad. No obstante, hace treinta años, la polio paralizaba casi mil niños cada día en ciento veinticinco países alrededor del mundo, incluyendo países de las Américas. Jorge fue uno de esos niños que sufrieron el impacto de esta terrible enfermedad que le limitaría en su funcionamiento motor para el resto de su vida.

Para la sociedad, las limitaciones fisiológicas de Jorge, específicamente en sus extremidades inferiores, serían un obstáculo para que pudiese alcanzar alguna meta o soñar con ser «alguien importante» en la vida. Incluso, él mismo llegó a sentirse inferior a los demás, sin oportunidad, sin futuro, sin sueños. «No seré nadie, jamás tendré una familia, hijos y mucho menos un ministerio», pensaba constantemente. Sin embargo, contrario a lo que muchos pensaron, Jorge se resistió a ser tratado y estereotipado por la gente por el hecho de tener una discapacidad física, y procuró siempre superarse en todo lo que emprendía.

Esto no significó que Jorge no tuviera que pasar por duras y limitantes pruebas durante su desarrollo y crecimiento. Lo cierto es que esas pruebas le ayudaron a valorar más la vida y le sirvieron de estímulo para alcanzar sus metas y convertirse en el hombre que es hoy.

La voluntad, junto con la fe de Jorge, le hicieron entender que las limitaciones físicas no son un impedimento cuando el espíritu humano vuela sobre el firmamento, más allá de nuestras realidades humanas. Que en las debilidades nuestras el poder de Dios se perfecciona (2 Corintios 12.9). Y que, como dijera Nick Vujicic, joven emprendedor que nació sin brazos ni piernas: «Los únicos límites que existen son los que nosotros mismos nos imponemos».

Por ese espíritu guerrero y resiliente de Jorge es que ha alcanzado lo que muchos, aún sin ninguna limitación física no han podido alcanzar. Jorge posee una Maestría en Divinidad, y en los últimos veinticinco años ha sido pastor de una de las iglesias más prósperas en su tierra natal, Colombia. Además de pastor, Jorge es cantante, compositor y un conferencista prolífico dentro de la comunidad latinoamericana. Hoy, su congregación sobrepasa las ochocientas personas y goza de gran estima y respeto tanto de la comunidad como de los gobernantes de su ciudad.

Tanto Jorge como el hombre del que les hablaré de aquí en adelante comprendieron, por experiencia propia, que cuando somos guiados e insuflados por el Espíritu Santo, no hay limitación alguna que pueda obstaculizar el perfecto plan de Dios para nuestras vidas. Qué impedido es aquel que pudiendo hacer las cosas correctamente y como Dios desea, prefiere caminar por la vida ignorando la realidad de la existencia divina en medio de nuestra realidad humana.

Comprenderás que para Dios no hay hombre o mujer con limitaciones (impedimentos) o sin ellas, por medio de las que él no pueda glorificarse y realizar su plan maestro. Por eso, he titulado este capítulo: IM - ¡PEDIDOS! IM de importantes, impregnados, imparables, imprescindibles e impresionantes. Y, ¡PEDIDOS! Por ser personas escogidas, distinguidas, preferidas, separadas, capaces y comisionadas para trastornar, en nombre del Supremo Creador, el mundo por medio de la proclamación del Evangelio de Jesucristo.

Santa curiosidad

No he escuchado muchos testimonios respecto a alguien que se haya acercado a Dios por simple curiosidad, y que en ese mismo instante haya sido comisionado por el Altísimo a realizar alguna tarea importante para el reino de Dios. Y mucho menos, si esa persona tiene algún impedimento físico. No es común, aunque tampoco es imposible que esto pueda suceder. Sin embargo, fue precisamente esta experiencia la que marcó un antes y un después en la vida de uno de los hombres más ilustres de la Biblia y la historia.

Nuestro protagonista era un «joven» de 80 años, cuando la curiosidad lo llevó a acercarse a una zarza (maleza) que ardía en la falda del monte Horeb pero que no se consumía. La zarza no era diferente ni extraordinaria, y los pastores están acostumbrados a ver la maleza arder por el intenso calor del desierto, pero lo que estaba sucediendo sí era, sin duda, diferente y extraordinario. Más importante aún, es el hecho de que el texto dice que el ángel del Señor se le apareció en medio de esa zarza que ardía. La zarza no era Dios; la zarza resultó ser el instrumento que Dios eligió y encendió para llamar la atención de nuestro personaje.

Sus primeros cuarenta años los vivió creyéndose ser importante entre la realeza de la primera potencia mundial de la época, Egipto. Fue allí donde recibió una excelente educación en los mejores colegios egipcios y disfrutó de los privilegios de la realeza. Los próximos cuarenta años los vivió en los campos de Madián pensando que no era nadie; solo un nómada y pastor de las ovejas de su suegro Jetro. En un tiempo, lo tenía todo y al siguiente, solo contaba con aquello con lo que su pequeño salario de pastor le pudiera alcanzar. Si bien es cierto que había formado una hermosa familia con una hermosa mujer de nombre Séfora y eso le animaba a seguir viviendo. Sus últimos cuarenta años los pasó en el desierto descubriendo lo que Dios puede hacer con un don nadie y viendo cómo se convertía en el amigo íntimo y predilecto del Todopoderoso Dios.

Su nombre era Moisés, que significa «sacar» o «extraer», en honor al rescate del que fue producto cuando la hija del faraón lo encontró flotando en el río Nilo dentro de una arquilla calafateada donde fue colocado por su madre Jocabed, quien, tratando de salvarle la vida del genocidio infantil que acaecía en Egipto, lo había colocado ahí.

Así que fue esa santa curiosidad lo que lo llevó a conocer al único y verdadero Dios, quien luego de escuchar el clamor de su pueblo esclavizado en Egipto decide comenzar un plan de liberación y, para sorpresa de nuestro amigo, el paladín escogido para esta magna empresa sería él mismo.

Al principio, como cualquiera de nosotros hubiese hecho, Moisés se resistió y se excusó insistentemente para librarse de esta tamaña tarea. Pero Dios fue firme en su comisión y luego de una y otra prueba de su prodigioso poder, consiguió que Moisés finalmente caminara hacia la brecha.

Me llama mucho la atención que Moisés tratara de persuadir a Dios de que lo librara de esta encomienda, recurriendo a una limitación fisiológica con la que seguramente había nacido y que hasta ese momento le seguía aquejando: «¡Pero es que yo no sé hablar bien! Siempre que hablo, se me traba la lengua, y por eso nadie me hace caso. Este problema lo tengo desde niño» (Éxodo 4.10, TLA). Pero ni esta ni ninguna otra de las excusas que Moisés le presentó pudieron persuadir a Dios de lo que había planificado hacer, pues él conoce todas las cosas aun antes de que acontezcan y estaba seguro de la selección que estaba haciendo.

Dios es un maravilloso planificador, y aunque en muchas ocasiones nos pide que hagamos cosas carentes de sentido, él sabe lo que hace y es su nombre el que está en juego. Dios no es un químico loco que mezcla sustancias al azar para ver que sale de ello. Dios actúa porque sabe de antemano el fin de lo que se ha propuesto hacer. Así que, luego de su largo debate, Moisés se preparó para realizar lo que ante sus ojos perecía imposible realizar y para lo cual no se sentía preparado.

Interesantemente, Moisés, el hombre temeroso, inseguro y limitado, se convirtió en el hombre de Dios elegido para el momento.

Puede que él fuera renuente; puede que estuviera asustado; puede que estuviera lleno de remordimientos y de dudas en cuanto a sí mismo. Pero, al final, cedió… y llegó a ser el instrumento de Dios para su generación.[1]

Sucede lo mismo en esta generación, en este momento, cuando apenas hemos pasado una quinta parte del siglo 21. Dios todavía está buscando al hombre o a la mujer que crea en él, a pesar de las dudas, debilidades o limitaciones que él o ella tenga, para que se convierta en una herramienta poderosa en sus manos, un instrumento de su propósito.

Dios le impartió ciertas instrucciones a Moisés y le prometió que respaldaría sus palabras con obras prodigiosas jamás vistas. De esta forma, el faraón se vería obligado a liberar a los israelitas que clamaban a él pidiendo ayuda (Éxodo 2.23). No obstante, las siguientes palabras de Dios parecen más una divina comedia que otra cosa:

> Y el Señor dijo a Moisés: Cuando vuelvas a Egipto, mira que hagas delante de Faraón todas las maravillas que he puesto en tu mano; pero yo endureceré su corazón de modo que no dejará ir al pueblo.
>
> *Éxodo 4.21*

Nuevamente, Dios me hace reír con sus ocurrencias, pues primero le dice a Moisés la forma en que liberaría a su pueblo para luego decirle que endurecería el corazón del faraón para que no los deje ir. Por supuesto, esta aparente ambigüedad quedará aclarada cuando veamos el cuadro completo de lo que Dios se había propuesto hacer una vez Moisés llegase a Egipto para enfrentarse al faraón. ¡Así que sigamos!

---

[1] Charles Swindoll, *Moisés: Un hombre de dedicación total* (Texas: Mundo Hispano, 2000), 12.

¿Qué tienes en la mano?

> Y el Señor dijo: ¿Qué es eso que tienes en tu mano? Y él
> respondió: Una vara.
>
> *Éxodo 4.2*

Cuando Moisés fue a ver la zarza que ardía y no se consumía y en su lugar se encontró con Dios, lo único que llevaba consigo era una vara de pastor. Regularmente, la vara de los pastores medía alrededor de dos metros de largo y era utilizada para contar las ovejas y para protegerlas de los depredadores. Esta fue la vara que el Señor convirtió en serpiente y luego la volvió a su estado natural. Parece descabellado pensar que Dios lo haya enviado de esta manera, pero la victoria en esta contienda no se alcanzaría con armas hechas por mano de hombres sino con las armas de Dios. «Entonces Moisés tomó su mujer y sus hijos, y los puso sobre un asno, y volvió a tierra de Egipto. Tomó también Moisés la vara de Dios en su mano» (Éxodo 4.20).

¿Notaste lo que dijo el historiador? La vara que Moisés lleva es ahora «la vara de Dios». Y con ella, hará prodigios inimaginables, porque no se trata de nosotros, de la vara de Moisés, de la sombra de Pedro (Hechos 5.15) ni de los paños ungidos con los que tocaban al apóstol Pablo (Hechos 19.12); se trata de Dios y de su poder manifestado por medio de la fe y la obediencia a sus mandatos. Jesús lo expresa hermosamente cuando tras la muerte de su amigo Lázaro y luego de haber sido enterrado hacía cuatro días, le dice a su afligida hermana Marta: «¿No te he dicho que si crees, verás la gloria de Dios?» (Juan 11.40). La vara es, por tanto, el instrumento que Dios utilizaría para manifestar su infinito poder y liberar a su pueblo.

Así que, Moisés, confiado en la palabra que Dios le había dado en el monte, sale a enfrentar al comandante en jefe del ejército más poderoso de la época con su vara de pastor en mano y con la seguridad de que el Dios de Abraham, Isaac y Jacob no lo desampararía en ningún momento.

A mí nadie me hace caso

«Siempre que hablo, se me traba la lengua, y por eso nadie me hace caso» (Éxodo 4.10). Aunque a primera vista las palabras de Moisés

«A mí nadie me hace caso», podrían pasar desapercibidas ante los ojos del lector, lo cierto es que para Moisés y para todos los que tienen alguna limitación motora, psicológica o espiritual sí tiene mucha importancia. Aquí se trata de un hombre al que, según él, nadie le hacía caso e incluso llegó a sentir que hasta Dios lo ignoraba.

Cuando Moisés regresó a Egipto y se presentó a los israelitas como el instrumento escogido por Dios para liberarles de la esclavitud, los israelitas se regocijaron en gran manera. Pero, cuando su conversación con el faraón le salió mal y éste aumentó las cargas de los israelitas, estos culparon a Moisés por su desgracia. Ante esta difícil situación, Moisés se presenta ante el Señor con el siguiente reclamo: «¿Para qué me enviaste? Porque desde que yo vine a Faraón para hablarle en tu nombre, ha afligido a este pueblo; y tú no has librado a este pueblo» (Éxodo 5.22-23).

Moisés quería hacerle entender al Señor que se había equivocado en su selección, y que cuando le había dicho que a él nadie le hacía caso no estaba exagerando. La respuesta paciente de Dios no se hizo esperar, por lo que nuevamente envía a Moisés a hablarle al pueblo con unas palabras de esperanza que afirmaban el poder y la magnificencia de Dios ante las circunstancias, pero aun así, el pueblo tampoco quiso hacerle caso a causa de la congoja de espíritu, y de la dura servidumbre (Éxodo 6.1-9).

¿No le había dicho Moisés a Dios que tenía la lengua trabada y que no era muy bueno con las palabras? Aquí estaba la prueba, nadie lo escuchó. ¡Quién podría escuchar a un tartamudo! Quizá un orador más elocuente habría persuadido al faraón. Moisés había tratado de decírselo a Dios, pero Dios no lo había escuchado. Además, lo estaba enviando de regreso al palacio para más conversaciones inútiles. La desilusión de Moisés queda reflejada en las siguientes palabras: «Y respondió Moisés delante del Señor: He aquí, los hijos de Israel no me escuchan; ¿cómo, pues, me escuchará Faraón, siendo yo torpe de labio?» (Éxodo 6.12).

¡Cuánto nos parecemos a Moisés! Dios nos envía a realizar una tarea en su nombre y cuando las cosas no resultan como las planificamos comenzamos a quejarnos y a dudar hasta de nosotros mismos. Así de frágiles somos. Y así de pequeños.

Por supuesto, que Dios sabe que por nuestras propias fuerzas no podemos hacer nada (Juan 15.5). Él conoce nuestras limitaciones y, aun así, sigue creyendo en que un día la humanidad se levantará de la caída que el pecado les ha propinado.

Al igual que Moisés, Dios sabía que hablar era inútil, pero quería preparar el escenario para demostrar su inconmensurable poder. Moisés, quien pensó que Dios no lo había entendido, se sorprenderá luego, cuando vea manifestarse la mano portentosa del Creador.

Todo lo que Moisés veía era que este proyecto no estaba funcionando. Así que pasó su tiempo de oración tratando de instruir a Dios sobre los hechos básicos. A menudo somos como Moisés y nos preguntamos por qué Dios no puede entender que su plan no va a funcionar. Así que desperdiciamos nuestro tiempo de oración en esfuerzos frustrados para llevarlo a nuestro punto de vista. Pero Dios no necesita las explicaciones de los mortales. Él no solo lo sabe todo, sino que es Todopoderoso. Nuestro amigo Moisés no había comprendido tres cosas: primero, que Dios es grande. Segundo, que su poder es absoluto. Y tercero, que su comprensión supera todo entendimiento humano (Salmo 147.5).

Finalmente, después de que Dios golpeó a Egipto y a Faraón con diez plagas poderosas, Moisés entendió que Dios siempre tuvo la razón, que él nunca se equivoca, y que, aunque sus planes no parezcan tener sentido alguno por nuestra limitada psiquis, para él siempre lo tendrán. Porque él es Omnisciente y conoce el final desde el principio. Por esto, una vez culminada la última plaga, la de los primogénitos, Moisés escuchó al Faraón pronunciar unas palabras que catapultarían sus dudas de una vez y para siempre y que harían de él el grandioso hombre de fe que todos conocemos. «Esa noche el faraón mandó llamar a Moisés y a Aarón y les dijo a gritos: ¡Lárguense! ¡Váyanse! ¡Dejen en paz a mi pueblo, y llévense a todos los demás israelitas con ustedes! Vayan y adoren al Señor como han pedido» (Éxodo 12.31, NTV).

Encrucijada

Moisés aprendió a confiar y descansar en Dios. Ahora, el desierto se convertiría en escuela del descubrimiento propio. La palabra hebrea para «desierto» es *midbar*. Viene de la palabra *dabar* que significa «hablar». Podríamos afirmar que el desierto es el lugar donde Dios habla, donde nos comunica algunos de sus más importantes mensajes.

Dios utiliza los desiertos de nuestras vidas para humillarnos, para probarnos y para que la verdadera condición de nuestro corazón pueda ser revelada. No hay nada como el desierto para ayudarnos a descubrir quiénes somos en realidad. Nunca pienses que Dios nos hace pasar por el intenso calor de este inhóspito lugar para destruirnos. Lo hace para quemar la escoria. Para purificarnos como el oro, para obtener lo mejor de nosotros. Tampoco veas el desierto como tu enemigo. Todos los hombres y mujeres de Dios pasan inevitablemente por este lugar. No trates de evitarlo. No busques desviarte ni tomes atajos. Es precisamente en el desierto donde se forma el carácter y los kilates para ser el hombre o la mujer que Dios quiere que seas.

> Y luego que Faraón dejó ir al pueblo, Dios no los llevó por el camino de la tierra de los filisteos, que estaba cerca; porque dijo Dios. Para que no se arrepienta el pueblo cuando vea la guerra, y se vuelva a Egipto.
>
> *Éxodo 13.17*

El camino del éxodo no fue elegido por Moisés, sino por Dios. La ruta de «el camino de la tierra de los filisteos» era la más fácil, directa y más corta para llegar a la tierra prometida en aproximadamente doce días. Pero Dios no le permitió al pueblo el camino fácil, ya que ellos podrían retornar al lugar de partida si eran amenazados por los pueblos de aquella región. Recuerda que todos ellos habían nacido en Egipto, rodeados de dioses y tradiciones no concordantes con los mandamientos del verdadero y único Dios. Así como tampoco habían sido entrenados para la guerra. Por consiguiente, Dios necesitaba enseñarles un nuevo estilo de vida. Pero, para poder hacerlo, primero tenía que atraer su atención. Fue por eso que les ordenó que se volvieran a la derecha de Canaán en dirección al mar Rojo; a una encrucijada que les permitiría conocer aún más el poder sobrenatural de Dios.

Por supuesto, a todos nos gustan los atajos para alcanzar metas en la vida. Buscamos rutas cortas para la educación, caminos directos al ministerio, carreteras fáciles para encontrar trabajo y senderos cómodos para lograr muchas cosas en la vida.

¡Todo lo fácil nos apasiona, nos seduce, nos encanta, lo buscamos y lo deseamos! Sin embargo, el verdadero éxito no viene con fórmulas o con pronunciamientos mágicos, sino con disciplina, esfuerzo y determinación.[2] Y esto, precisamente, era lo que Dios pretendía que los israelitas comprendieran.

> De día, el Señor iba al frente de ellos en una columna de nube para indicarles el camino; de noche, los alumbraba con una columna de fuego. De ese modo podían viajar de día y de noche.
>
> *Éxodo 13.21*

Dios utilizó dos elementos sobrenaturales para guiar a su pueblo. De día utilizó una columna de nubes para salvaguardarlos del intenso calor desértico. Y, por la noche, cuando no se podía ver la nube, se transformaba en un pilar de fuego. Así ahuyentaba a las fieras salvajes del desierto, mantenía a su pueblo abrigado, y les daba guía infalible. De día o de noche, lo único que ellos tenían que hacer era mirar hacia arriba, y allí estaba la presencia de Dios. «El Señor iba delante de ellos…» dice la Biblia.

Así de sencillo fue para los israelitas seguir la guía de Dios. Nunca preguntaban nada, nunca tuvieron que discernir nada. El pilar de fuego por la noche y el pilar de nube durante el día los condujeron directamente al mar Rojo y allí aplicaron los frenos. Allí fueron y allí se detuvieron. ¿Pero, por qué Dios los puso en esta situación de apuro? Nuevamente, la respuesta es la misma; para que Dios se glorifique. Entonces Dios le dijo a Moisés:

> Di a los hijos de Israel que den la vuelta y acampen delante de Pi-hahirot, entre Migdol y el mar hacia Baal-zefón; delante de él acamparéis junto al mar. Porque Faraón dirá de los hijos de Israel: Encerrados están en la tierra, el desierto los ha encerrado. Y yo endureceré el corazón de Faraón para que los siga; y seré glorificado en Faraón y en todo su ejército, y sabrán los egipcios que yo soy Jehová. Y ellos lo hicieron así.
>
> *Éxodo 14.2-4*

¿Qué opinas de esto? ¡Dios lo volvió a hacer! Ahora, no solo pone a Moisés frente a un gran dilema, sino también a todo el pueblo.

---

2 Kittim Silva, *Moisés el libertador* (Grand Rapids: Portavoz, 2010), 106.

Parece increíble, pero es cierto. El Señor quiere demostrar una vez más su inmenso y sobrenatural poder. Pero ¿lo entenderá su pueblo? La respuesta inmediata es un absoluto no.

¿Captaste la escena? Los israelitas estaban parados en el este, frente a las aguas del mar Rojo. Hacia el norte tenían al poderoso ejército egipcio que se acercaba a todo galope para atajarlos y hacerles volver a la servidumbre. Hacia el sur, un desierto ardiente. Y hacia el oeste, Egipto. Estaban encajonados. No había una puerta trasera, era una trampa geográfica sin posibilidad de escape.[3]

¿Y qué podemos hacer cuando en la vida nos encontramos ante semejante dilema? El salmista nos da la respuesta: «Alzaré mis ojos a los montes. ¿De dónde vendrá mi socorro? Mi socorro viene de Jehová, que hizo los cielos y la tierra» (Salmo 121.1-2). Y, una vez más nos exhorta:

> Jehová es mi luz y mi salvación; ¿de quién temeré? Jehová es la fortaleza de mi vida; ¿de quién he de atemorizarme? Cuando se juntaron contra mí los malignos, mis angustiadores y mis enemigos, Para comer mis carnes, ellos tropezaron y cayeron. Aunque un ejército acampe contra mí, No temerá mi corazón; Aunque contra mí se levante guerra, Yo estaré confiado.
>
> *Salmo 27.1-3*

Mirar al cielo y clamar al Altísimo es la respuesta. Confiar en que ninguna de las promesas que él nos haya hecho caerá al suelo. Ante lo posible, actuamos. Pero, ante lo imposible, recurrimos al Único capaz de derrotar ejércitos, derrumbar montañas, abrir fuentes en el sequedal y dividir el mar Rojo para que su pueblo pase en seco.

Frente a esta encrucijada, el temor y la incertidumbre que las circunstancias que les rodeaban, y que le estaban perturbando, las palabras de su líder Moisés muestran el progreso de su fe ante circunstancias adversas. Moisés había visto cómo Dios se había manifestado prodigiosamente en Egipto. Por eso, hace todo su esfuerzo por calmar al pueblo, que además de lo que les está aconteciendo, le acusan de ser el culpable de tal situación y deseaban regresar y comer puerros en vez de confiar en el Dios que les había liberado con obras portentosas del yugo egipcio.

---

3 Charles Swindoll, *Moisés*, 235.

¡Cuán inexcusable era su desconfianza! ¡Que paciencia la de Moisés! Por algo el historiador cuando hablaba de él resalta: «Y aquel varón Moisés era muy manso, más que todos los hombres que había sobre la tierra» (Números 12.3). ¡Y no se equivocó! Por eso, creo que fue por esta y otras cualidades hermosas que Dios lo escogió, aunque tomaría algún tiempo antes de que Moisés mismo descubriera el gran potencial con el que contaba.

¡Pero ahí va! Ante el amotinamiento del pueblo y sus palabras desalentadoras, las primeras de muchas quejas que tuvo que oír Moisés hizo lo que al parecer era lo correcto en ese preciso momento. En vez de regañarles, los alentó y con admirable presencia de ánimo y compostura de gesto, acalla su murmuración, asegurándoles una liberación rápida y completa:

> No temáis; estad firmes, y ved la salvación que Jehová hará
> hoy con vosotros; porque los egipcios que hoy habéis visto,
> nunca más para siempre los veréis. Jehová peleará por
> vosotros, y vosotros estaréis tranquilos.
>
> *Éxodo 14.13-14*

Moisés clamó. ¿Habrías tú hecho otra cosa distinta a esto? ¿Lo habría hecho yo? Creo que no. La oración de fe es la herramienta más poderosa con la que contamos. Clamar en momentos de angustia y persecución es el reflejo de lo que sentimos por dentro; una muestra de nuestra total y absoluta dependencia de Dios. El autor de la epístola a los Hebreos lo expresa de la siguiente manera: «Acerquémonos, pues, confiadamente al trono de la gracia, para alcanzar misericordia y hallar gracia para el oportuno socorro» (Hebreos 4.16).

Dios entra en acción

> Entonces Jehová dijo a Moisés: ¿Por qué clamas a mí? Di a
> los hijos de Israel que marchen. Y tú alza tu vara, y extiende
> tu mano sobre el mar, y divídelo, y entren los hijos de Israel
> por en medio del mar, en seco.
>
> *Éxodo 14.15-16*

«¿Por qué clamas a mí?» ¿Es que le disgustaba a Dios la oración de Moisés? No; la pregunta que le hace va encaminada: en primer lugar, a satisfacer su fe. «¿Por qué continúas clamando, cuando tu petición ya ha sido concedida? Ya he aceptado tu oración». Y segundo, a estimular su diligencia. Moisés tenía algo más que hacer además de orar; tenía que mandar a las huestes de Israel que marchasen, y era preciso que estuviesen ahora en el sitio que las circunstancias demandaban.

Así que Moisés le dice al pueblo que marche, no hacia la derecha o hacia la izquierda, sino hacia adelante, directamente hacia el mar. Como si tuviese lista una flota de naves de transporte para que se embarcaran.[4] Me parece ver a Moisés con «la vara de Dios» en mano, levantando los brazos hacia el mar y diciendo: «Oye mar Rojo, te ordeno en el nombre de *Yahveh* que hizo los cielos y la tierra, que te muevas de en medio y nos dejes pasar por el suelo seco, hasta que todos pasemos al otro lado». Y tras esta orden, Dios recompensó su fe y obediencia enviando un viento solano del este que estuvo soplando durante toda la noche. Dividió el mar y secó el suelo para que su pueblo pasara (Éxodo 14.21). ¡No es esto grandioso!

Del ejército egipcio que les seguía, no tuvieron que preocuparse, pues durante toda esa noche, Dios, que iba delante de ellos, se movió a la parte posterior y desde una posición intermedia entre los israelitas y los egipcios puso tinieblas entre ellos para bloquear la visibilidad e impedir que los escuadrones egipcios prosiguieran con su malvado plan. ¡Así de poderoso es Dios! Por un lado, descendía en medio de la columna de fuego para detener a los egipcios e impedir que los atacaran, mientras que, por el otro, abría con un viento solano el imponente mar que tenían de frente.

Justo antes de clarear el día, y ver cómo los israelitas pasaron por en medio de aquellas inmensas paredes de agua, los obstinados egipcios perseguirán a Israel dentro del mar. Sin embargo, al amanecer, cuando los israelitas ya habían cruzado al otro lado, tras la orden del Señor, Moisés extiende una vez más la mano sobre el mar y les ordena a las aguas que regresen a su normalidad. Las aguas que regresan engullen entonces a todo el ejército egipcio, que pereció ahogado bajo las aguas. Sus cadáveres se convertirán después en testimonios mudos,

---

4 Matthew Henry, *Comentario bíblico Matthew Henry* (Barcelona: CLIE, 1999), 89.

pero elocuentes, del poder del Señor. El Guerrero Divino vuelve a pelear por su pueblo.[5] Al ver los israelitas lo que acababa de acontecer, tanto Dios como su siervo Moisés, el hombre al que nadie le hacía caso, serían debidamente reconocidos por los israelitas. Y desde ese día en adelante, este acontecimiento sería conocido por todas las naciones y pueblos a lo largo de los siglos.

El canto de victoria

Después de esta gran y sorprendente victoria, el pueblo cantó al Señor en celebración por su prodigiosa liberación. Moisés seguirá recibiendo encomiendas inimaginables, impensables, difíciles de entender y de asimilar: «Mantén tus brazos arriba y ganarás la batalla contra los amalecitas. Tira un árbol a las aguas amargas de Mara y estas se endulzarán. Ora y prepararé mesa en el desierto (pan y carne) para alimentar a los más de dos millones de personas que salieron de Egipto. Erige una serpiente de bronce para que el que la mire sea sanado. Golpea la roca y saldrá agua para que beban el pueblo y también sus animales, y más». Estas fueron algunas de las obras realizadas por Dios y de Moisés como intermediario en el desierto, demostrando una y otra vez su ilimitado poder.

Parece de locos, ¿verdad? ¡Pero fue real! Y los resultados están ahí, plasmados en el Libro Sagrado, para que entendamos que *lo que Dios hace siempre tiene sentido,* aunque no entendamos lo que se propone. «Dios siempre tiene la razón». Y así, como un niño descansa confiadamente entre los brazos de su padre mientras camina por un acantilado, debemos confiar también nosotros, pues «los caminos de Dios son perfectos, y acrisolada su palabra. Escudo es a todos los que en él esperan» (Salmo 18.30, NVI).

Y, a ti ¿qué te preocupa? ¿qué te detiene? Si puedes creer, nada ni nadie podrá detener el propósito de Dios para tu vida. La poliomielitis y la depresión no pudieron detener a Jorge. La tartamudez y la inseguridad tampoco pudieron contra Moisés. Ambos, así como aquel padre que se sentía impotente al ver como un espíritu maligno atormentaba a

---

5 John F. Craghan, *Éxodo: Comentario bíblico internacional* (Estella: Verbo Divino, 2003), 392.

su hijo; y clamó con lágrimas al Señor: «creo; ayuda mi incredulidad», y al instante su hijo fue sanado; creyeron ellos, y en obediencia actuaron y vencieron.

Si esto te parece glorioso, deja que veas lo que Dios hará en el siguiente capítulo que he titulado: «Grita fuerte».

Capítulo 3

Grita fuerte

Josué les había dicho a sus hombres:
«Vayan en silencio, no se dejen oír.
Pero cuando les diga que griten,
ustedes gritarán con todas sus fuerzas».
Josué 6.10

Quién no haya estado a punto de un colapso nervioso cuando pisó por primera vez el altar de la nueva congregación a la que el Señor le ha comisionado a liderar, no ha entendido el gran peso del sagrado ministerio al que ha sido llamado. Esto me recuerda la primera vez que pastoreé una pequeña iglesia rural a la que fui enviado en el mismo centro de la isla de Puerto Rico. Recién había terminado mis estudios en el seminario y tenía fresco en mi memoria muchos axiomas de fe, teológicos, bíblicos, exegéticos, homiléticos, hermenéuticos, crítica literaria… Y, también, el conocimiento de los distintos supuestos teológicos, filosóficos y doctrinales de muchos de los teólogos tanto de la Antigüedad como contemporáneos, entre otras cosas.

Ese primer domingo, cuando me paré frente al podio por primera vez para dar un saludo fraternal y a la vez presentarme como su nuevo pastor, me percaté de que la congregación estaba compuesta de muchas personas de edad avanzada, mujeres solteras y muy pocos hombres y niños. También observé que todos tenían algo en común; la mayoría de ellos vivían en extrema pobreza. Ante este panorama, sentí como desde mi fuero interno brotaba un mar de interrogantes para las cueles no tenía respuestas. ¿Y ahora, qué hago con todo eso que aprendí en el seminario? Esta gente lo que necesitan no es teología… ni ninguna de las destrezas de las que había sido beneficiario y que creí utilizaría una vez fuese llamado al ministerio. Esta gente lo que necesita es que su pastor les predique un evangelio encarnado, que se quite la chaqueta, se enrolle las mangas y les ayude a llevar la pesada carga que yacía sobre sus hombros.

Aunque teóricamente sabía lo que debía hacer, mi inexperiencia, inseguridades e interrogantes continuaban revoloteando en mi cabeza. Al siguiente día, visité a un amigo pastor para hablarle sobre el asunto buscando conocer algo que hasta el momento pudiera desconocer para ser efectivo en mi nueva encomienda. Al ver lo preocupado que me encontraba, mi amigo trató de calmar la tormenta que irrumpía dentro de mí con el siguiente consejo: «Si tratas de pastorear a la iglesia por tus experiencias y conocimientos vas a fracasar. Sé como Jesús». ¿Como Jesús? le pregunté, un tanto sorprendido. «Sí, como Jesús. Ama como él amó, sirve como él sirvió, perdona como él perdonó y obedece al Padre como él lo obedeció. Lee la Biblia diariamente. Y ora constantemente para que el Espíritu Santo te guie y te ilumine. Y, por último, sé tú mismo. El Señor te ama tal como eres y tiene grandes planes contigo y con tu familia, no trates de ser una persona que no eres».

Después de estas sencillas pero profundas palabras, guardé silencio, y mientras mi amigo oraba con su diestra tendida sobre mi hombro, sentí una paz indescriptible; paz que me ha acompañado durante todos los años que llevo pastoreando. Ese día comprendí que Dios no se equivoca cuando decide escoger a alguien para liderar a su pueblo, pues él no juega al azar. Al fin y al cabo, no se trata de nosotros sino de él. Serán sus planes los que se han de cumplir sin importar el instrumento que Dios escoja para realizarlos. Él sabe lo que hace y nos acompañará en cada uno de los proyectos que él considere enviarnos, porque como dice el salmista: «El Señor nunca desampara la obra de sus manos» (Salmo 138.8).

Un líder no nace, se hace

Cuando Moisés lideraba a los israelitas por el desierto camino a Canaán, tuvo que enfrentar la oposición de los reyes que se encontraban en el camino y que le hacían la guerra tratando de evitar ser conquistados e impedirles el paso por sus tierras. Unas más que otras, pero todas fueron batallas muy fuertes y sangrientas, pero en todas el Señor les dio la victoria. Aunque Moisés fue el escogido por Dios para ser el intermediario entre él y su pueblo (tipo Cristo), fue su asistente Josué el hijo de Nun, de la tribu de Efraín, quien comandaba a los israelitas en el campo de batalla (ver Éxodo 17.8-16).

Durante la travesía de cuarenta años en el desierto, Josué se mantuvo siempre al lado de su líder apoyándole siempre que fuese necesario. Cuando Dios entregó los Diez Mandamientos a Moisés en el monte Sinaí, Josué era su ayudante (ver Éxodo 24.13; 32.17). En su juventud había sido puesto a cargo del tabernáculo, cuando la idolatría del pueblo hizo que lo retirase del campamento (Éxodo 33.11). Había demostrado lealtad a su líder cuando creyó que su autoridad estaba siendo amenazada (ver Números 11.24-29). Durante el tiempo que sus hermanos se rebelaron contra Dios, Josué junto con Caleb fueron los únicos que mantuvieron su fe en el plan divino (ver Números 13–14), y también los únicos de entre los que salieron de Egipto en entrar a la tierra prometida. Cada experiencia vivida sirvió para ir desarrollando en Josué el carácter que caracteriza a los grandes líderes.

Después de muchos años de servir juntos, Josué perdió a su mentor y gran amigo, Moisés. No obstante, se mantuvo en contacto con el Señor, quien lo escogió para que completara la encomienda que se le había asignado a Moisés de guiar a los israelitas hasta la tierra que fluye leche y miel (Josué 1.2). Aunque ya se encontraban relativamente cerca, todavía debían enfrentar grandes obstáculos en el trayecto.

Josué (gr. *Jesús = Salvador*) no tenía la experiencia necesaria para tamaña tarea, sin embargo, a pesar de sus limitaciones, contaba con la promesa divina de que, así como el Señor estuvo con Moisés, estaría con él y que todo lo que pisare la planta de sus pies sería posesión suya. Para levantarle aún más el ánimo a su siervo, Dios continúa brindándole palabras de aliento al recordarle cuán fuerte había sido en el pasado y asegurándole una victoria segura ante todos los que se levantasen contra él.

> Nadie te podrá hacer frente en todos los días de tu vida;
> como estuve con Moisés, estaré contigo; no te dejaré ni te

> desampararé. Esfuérzate y sé valiente; porque tu repartirás
> a este pueblo por heredad la tierra por la cual juré a sus
> padres que les daría.
>
> *Josué 1.5-6*

Además de la obediencia y la valentía requerida para completar la misión, Josué tenía que comprometerse con algo aún mayor, si quería que Dios lo aprobase y lo prospere en todas las cosas que emprendiera:

> Nunca se apartará de tu boca este libro de la ley, sino que
> de día y de noche meditarás en él, para que guardes y hagas
> conforme a todo lo que en él está escrito; porque entonces
> harás prosperar tu camino, y todo te saldrá bien.
>
> *Josué 1.7*

Josué tenía la promesa, ahora le correspondía a él y a su pueblo poner en práctica las ordenanzas divinas para que pudiesen alcanzar la victoria y culminar con los terribles cuarenta años entre el frío y el calor extremos en el desierto.

Así, pues, toda la fuerza y el valor de Josué debían concentrarse en observar el programa de Dios. Dios había propuesto un código para el éxito que podía soportar el examen más diligente. En ese código le aseguraba: «Serás prosperado en todas las cosas que emprendas». Esta era la clave del éxito; todo el que la use vivirá sabiamente y se comportará prudentemente.[1]

Por experiencia propia sé que ascender a una posición de liderazgo en la que los subalternos nos observan como un modelo que les inspire y los motive a realizar los proyectos del reino no es tarea fácil. Permítanme darles un ejemplo. Pastorear a una congregación que se encuentra en decadencia y llena de deficiencias es una cosa, pero pastorear a una congragación posterior a una pastoral larga y exitosa es algo totalmente distinto. En la primera, existe la probabilidad de que todo lo que hagas sea visto como ganancia. Los miembros, aunque en tales circunstancias pudieran estar desanimados, celebrarán junto a su

---

[1] Chester O. Mulder, *Josué: Comentario bíblico Beacon* (Kansas: Casa Nazarena de Publicaciones, 1969), 41.

nuevo líder cada uno de los logros obtenidos y cada lágrima derramada durante el trayecto será considerada como lluvia que riega la siembra para dar a su tiempo una cosecha muy fructífera.

Por otro lado, liderar a una congregación donde el trabajo del líder saliente fue excepcional hace que los estándares evaluativos y las consideraciones hacia el nuevo ministro sean más rigurosas. La vara será colocada más alto de lo normal y, si no se cumple con las expectativas del grupo, pudiese conducir a una guerra civil dentro de las filas del mismo ejército. Claro está, en este punto es preciso hacer la salvedad de que existen congregaciones muy maduras, impregnadas de amor que evitan por todos los medios que sus nuevos líderes sean comparados con el anterior y que en el intento se desgasten, tratando de alcanzar o superar los logros del anterior líder.

Esto podría producir en el líder un sentido de fracaso irreal, ya que como dice la Escritura: «a todos los creyentes, Dios nos ha dado un grado de fe con el que debemos valorarnos» (Romanos 12.3). Y, con ese grado de fe y nuestro bagaje espiritual podríamos hacer proezas si seguimos siendo obedientes a la Palabra de Dios.

De una u otra forma no será fácil, pero esa es nuestra garantía y fue la misma que le fue transmitida a Josué. Este joven guerrero debe enfocarse y no permitirse a sí mismo tratar de compararse con Moisés, aunque el pueblo no lo entienda de esa manera. Esa será la clave para el éxito en su camino hacia la tierra prometida y también para nosotros hoy.

Menos mal que, luego de escuchar un discurso donde Josué les hace recordar el pacto que garantizaría la conquista de Canaán hecho con su anterior líder, los israelitas le hacen una promesa que sella el pacto:

> Haremos todo lo que nos has ordenado, e iremos a donde
> nos mandes. Siempre te obedeceremos, como antes obede-
> cimos a Moisés. Lo único que pedimos es que el Señor tu
> Dios te acompañe como acompañó a Moisés.
>
> *Josué 1.16-17*

¡No es esto maravilloso! Todo el pueblo, en un mismo espíritu y un mismo sentir, ha decidido apoyar a su nuevo líder, garantizando así su entrada a Canaán en un lapso sumamente corto.

Primer obstáculo: el río Jordán

Por supuesto, la entrada a Canaán no se realizaría en alfombra roja. Sin duda, al igual que con Moisés, Josué tendría que pelear por su milagro. El primer obstáculo que tuvo que enfrentar fue el río Jordán. Para poder cruzarlo, Josué debía esperar las instrucciones divinas ya que humanamente era imposible que una multitud tan numerosa pudiese lograrlo. El Jordán suele desbordarse por todas sus orillas todo el tiempo de la siega (Josué 3.15), por lo que este cruce fue tanto más notable porque tuvo lugar en la época cuando el Jordán había alcanzado su nivel máximo. Se estima que la anchura del río habría sido de unos 30 a 35 metros y su profundidad de 3 a 4 metros.[2] En esta época no hubiera sido posible cruzar el río por medios naturales, solo el poder sobrenatural de Dios podría hacer que se realizara tal proeza.

Entre tanto, los israelitas acampaban en las llanuras de Moab, mientras esperaban las nuevas instrucciones para proseguir la marcha. El territorio era el lugar ideal para que acampasen unos dos millones de israelitas que en su mayoría habían nacido en el desierto. Este lugar inhóspito había sido el aula que Dios utilizó para prepararlos adecuadamente para tomar posesión de la tierra prometida.

En su experiencia quedaba grabado el cuidado providencial de Dios en cada jornada. Pero de igual manera, habían podido conocer la reacción divina a la desobediencia y el pecado. Habían aprendido que el éxito en cualquier empresa que la nación emprendiera descansaba en la obediencia y sumisión a Dios. Unidos por intereses, instituciones y culto, estaban preparados después de cuarenta años para asumir la tarea que Dios había determinado y, una vez ocupada Canaán y tomada posesión de ella, comenzar a disfrutar de las bendiciones prometidas siglos antes a Abraham, padre de toda aquella gran multitud.[3]

Ese día, Josué se levantó temprano para iniciar la marcha de unos diez kilómetros hacia la orilla del Jordán. Una vez alcanzada la orilla del río, reposaron allí en espera del momento indicado para cruzarlo. En este punto es importante señalar que bajo el régimen de Josué el pueblo habría de ser guiado aún por el Señor, pero en una forma muy

---

2 Alfonso Ropero, *Diccionario manual bíblico* (Barcelona: CLIE, 2010), 531.
3 Samuel Pérez Millos, *Comentario al libro de Josué* (Barcelona: CLIE, 2020), 251.

diferente de lo que lo fuera bajo la dirección de Moisés. Anteriormente los había guiado la columna de nube durante el día y de fuego durante la noche (ver Números 10.33-34). Ahora el arca, en la cual se llevaban los Diez Mandamientos (Deuteronomio 10.1-5), sería el objeto visible que denotaría la presencia de Dios.

El arca del pacto representaba la seguridad visible de la presencia de Dios. De este modo Dios habría de ser el centro de todo lo que hiciera el pueblo. De él procedería su fortaleza y a él correspondería el honor que pudieran alcanzar. Y sería él quien haría que las aguas del Jordán se dividieran (Josué 3.13).

Las instrucciones eran claras y precisas. El arca del pacto debía ser llevada por los sacerdotes delante de todo el pueblo, quien debía permanecer a unos veinte metros de distancia en actitud reverente. Los sacerdotes debían marchar directo al rio Jordán como un acto de fe a la providencia divina de que, así como Dios abrió el mar Rojo para que Moisés y el pueblo pasaran en seco, lo volvería a hacer con este río y así ocurrió precisamente. Una vez los sacerdotes pusieron un pie en el agua, el rio se detuvo, y sus aguas comenzaron a acumularse a uno y otro lado. De esta forma, todo el pueblo (tal vez solo los que estaban entrenados para la guerra) pudo cruzar hasta la otra orilla que colindaba con la ciudad amurallada de Jericó.

Josué recibe una doble encomienda

Antes de enfrentar su segundo gran desafío, el pueblo acampó en las llanuras a las afueras de Jericó. Josué, a quien Dios engrandeció delante del pueblo luego del paso del Jordán, recibe una doble encomienda: primero, debía restaurar el rito hebreo de la circuncisión. Y, segundo, debía celebrar la Pascua.

La razón por la que el Señor le ordena que circuncidara al pueblo era porque todos los hombres que estaban en edad militar cuando salieron de Egipto ya habían muerto por el camino, en el desierto. Y aunque todos los que salieron de Egipto estaban circuncidados, los que nacieron después, por el camino en el desierto, no lo estaban (Josué 5.4-5). Después que sanaron, el Señor le dijo a Josué: «Hoy he quitado el oprobio de Egipto», reflejando así, un nuevo comienzo en la relación entre Dios y el pueblo.

Como una señal de agradecimiento a Dios y de renovación espiritual, los hijos de Israel celebraron la Pascua. Los hijos de Israel celebraron la Pascua precisamente antes de conquistar Jericó por las siguientes razones: (1) como obediencia a Dios, que estipuló que la Pascua debía celebrarse como una fiesta anual; (2) para mostrar gratitud a Dios por la forma en que los cuidó durante los cuarenta años en el desierto; y (3) porque deseaban honrar a Dios antes de entrar a Canaán. Para ellos, esa era la forma más segura y enfocada en Dios de vivir lo que se avecinaba.[4]

Interesantemente, al día siguiente comieron por primera vez de lo que producía la tierra de Canaán: granos de trigo horneados y pan sin levadura. Ese mismo día «el maná dejó de caer». Los israelitas ya no comieron más maná, sino que se alimentaron de lo que producía la tierra de Canaán (Josué 5.11-12).

Segundo obstáculo: Jericó

Ahora bien, las puertas de Jericó estaban bien cerradas, porque la gente tenía miedo de los israelitas. A nadie se le permitía entrar ni salir. Pero el Señor le dijo a Josué: Te he entregado Jericó, a su rey y a todos sus guerreros fuertes…

Josué 6.1-2, NTV

Fortalecidos tanto física como espiritualmente, el pueblo se levanta para enfrentar el segundo y mayor obstáculo: Jericó, que en hebreo significa «lugar fragante». Esta ciudad estaba situada en el valle del Jordán, era una fortaleza amurallada para defenderse de los invasores. Esta muralla que rodeaba la ciudad era sumamente alta y muy ancha ya que sobre ella se construían casas. Rahab, la mujer que ayudó a los dos israelitas que habían ido a espiar la ciudad tenía su casa sobre ese muro (Josué 2.15).

Todos los pueblos que rodeaban la región habían escuchado cómo Dios había abierto el Mar Rojo para que los israelitas pasaran en seco y las conquistas que se habían hecho al otro lado del Jordán. Esto provocó

---

4 R. T. Kendall, *Nunca antes pasamos por este camino* (Miami: Casa Creación, 2021), 118.

que el pavor y el desaliento se apoderaran de ellos, por eso las puertas de Jericó estaban herméticamente cerradas (Josué 2.10; 6.1).

Los guerreros israelitas, por su parte, estaban armados, listos para derribar las puertas, entrar y batallar hasta conquistar la ciudad como habían hecho en otras ocasiones. Pero, algo muy diferente a esto era lo que Dios tenía planeado. Para este segundo desafío más que los métodos y las estrategias bien planificadas de guerra, Josué debía obedecer todas y cada una de las instrucciones que Dios le acababa de dar. Estas instrucciones no solo parecían descabelladas, sino que ponían en tela de juicio el liderazgo de Josué una vez se las comunicara al pueblo. Las instrucciones dadas por el Señor fueron las siguientes:

> Mira, yo he entregado en tu mano a Jericó y a su rey, con sus varones de guerra. Rodearéis, pues, la ciudad todos los hombres de guerra, yendo alrededor de la ciudad una vez; y esto haréis durante seis días. Y siete sacerdotes llevarán siete bocinas de cuernos de carnero delante del arca; y al séptimo día daréis siete vueltas a la ciudad, y los sacerdotes tocarán las bocinas. Y cuando toquen prolongadamente el cuerno de carnero, así que oigáis el sonido de la bocina, todo el pueblo gritará a gran voz, y el muro de la ciudad caerá; entonces subirá el pueblo, cada uno derecho hacia adelante.
>
> *Josué 6.2-5*

Ni antes, ni tampoco después en la historia de Israel se habían dado unas instrucciones de guerra semejantes a estas. La lucha principal de Josué, ante estas instrucciones, no fue con ningún enemigo de carne y hueso. Mas bien, tenía que lidiar con la multitud de voces que se levantaban a protestar ante lo absurdo del plan que debía implementar para tomar Jericó. Sus hombres estaban listos para salir a pelear y hacerle frente a los guerreros de Jericó. Canalizar el entusiasmo y la pasión de sus soldados por medio de un desfile alrededor de la ciudad, convertía en una parodia todas las probadas estrategias militares de la época.[5]

---

5 Christopher Shaw, *Encuentros diarios con el Dios de la palabra* (Illinois: Tyndale House Publishers, 2017), 240.

Josué debía ser valiente, no para pelear en campo abierto con este nuevo enemigo y su ciudad, que estaba «cerrada, bien cerrada», sino, por el riesgo de ser incomprendido, por hacer algo «ridículamente absurdo». Con toda probabilidad algunos dudaban de su capacidad. Otros creían que había perdido la cordura. Y en su interior tuvo que luchar con sus propias dudas, su timidez y falta de fe. La valentía es lo único que le permitiría ejecutar las instrucciones del Señor. Debía descubrir que seguir a Dios no es para cobardes. Y, que su obediencia resultaría en una gran victoria para él y su pueblo. Así que, a marchar y a «gritar fuerte» como lo había indicado el Señor.

> Al séptimo día se levantaron al despuntar el alba, y dieron vuelta a la ciudad de la misma manera siete veces; solamente este día dieron vuelta alrededor de ella siete veces. Y cuando los sacerdotes tocaron las bocinas la séptima vez, Josué dijo al pueblo: Gritad, porque Jehová os ha entregado la ciudad. [...] Entonces el pueblo gritó, y los sacerdotes tocaron las bocinas; y aconteció que cuando el pueblo hubo oído el sonido de la bocina, gritó con gran vocerío, y el muro se derrumbó. El pueblo subió luego a la ciudad, cada uno derecho hacia adelante, y la tomaron.
>
> *Josué 6.15-16, 20*

Con la toma de Jericó queda comprobado una vez más que la obediencia a Dios produce resultados sobrenaturales. En ocasiones, las promesas y mandatos del Señor no parecen tener sentido alguno para nuestro limitado entendimiento. Esto sucede porque ignoramos que Dios conoce el fin de todas las cosas antes de que las realicemos. Para él, todo lo que se propone tiene sentido. ¡Dios no tiene tiempo que perder!

¿Quién podría pensar que con el grito de los guerreros y el ruido de unos cuernos de carneros unos muros tan inmensos como los de Jericó se desplomarían? ¿Imposible de concebir, cierto? Pues de eso se trata, no solo este capítulo sino todo este libro. Que entendamos por medio de la fe, que «lo que es imposible para los hombres, es posible para Dios» (Lucas 18.27). Y que lo único que el Señor demanda es que le obedezcamos, aunque lo que nos esté pidiendo parezca fuera de lo común, o como dice el dicho: «fuera de este mundo».

Detrás de cada historia bíblica hay una enseñanza que nos ayuda a crecer en la fe de Cristo. Josué ha servido de inspiración para toda la cristiandad y también para nosotros hoy. Ahora le corresponde el turno a un joven que vivía lleno de miedos e inseguridades, pero que al igual que Josué, obedeció unas ordenes divinas que parecían no tener sentido, pero que al final lo llevaron a realizar proezas extraordinarias. ¿Te gustaría conocerlo? Pues pasemos al siguiente capítulo: «Con cántaros y trompetas».

Capítulo 4

Cántaros y trompetas

Las tres compañías tocaron las trompetas
e hicieron pedazos los cántaros.
Tomaron las antorchas en la mano izquierda
y, sosteniendo en la mano derecha
las trompetas que iban a tocar, gritaron:
¡Desenvainen sus espadas, por el Señor y por Gedeón!
Jueces 7.20, NVI

Tengo por costumbre llegar con al menos una a dos horas de anticipación a los cultos de la iglesia para orar en el altar y asegurarme de que todo esté debidamente preparado para ese momento tan importante de adoración al Señor. Un domingo, mientras estacionaba mi auto, uno de los ujieres se me acerca a toda prisa, aterrorizado y muy nervioso para decirme: «Pastor, hay un hombre parado frente a la puerta principal del templo, y dice que está esperando a alguien para matarlo». Impresionado por las palabras que me acababan de compartir, la pregunta inmediata fue: «¿Está armado?» Si pastor; tiene una pistola de 9mm y un cuchillo. Ese día, yo no me sentía con ninguna unción especial o diferente a otras ocasiones ni tampoco había manejado una situación similar, por lo que en ese momento hice lo que cualquiera de nosotros hubiera hecho, orar al Dios del cielo por sabiduría y protección.

Tras calmar al desesperado ujier, me dispuse a caminar directamente hasta donde se encontraba el amenazante hombre, no sin antes, meditar en lo que el Espíritu me decía durante el trayecto: «Recuerda que las armas de nuestra milicia no son carnales, sino poderosas en Dios para destrucción de fortalezas. Tu lucha no es contra sangre y carne, sino contra principados, contra potestades [...] contra huestes de maldad en las regiones celestes» (2 Corintios 10.4; Efesios 6.12). Al verlo, quedé impresionado porque el hombre medía más de seis pies de estatura y poseía una anatomía imponente. No te puedo negar que sentí temor en ese momento, pero a la vez, sentía la fortaleza y la autoridad que el Espíritu Santo me daba para enfrentar momentos aterradores como estos.

Aunque el hombre no me saludó ni tuvo ninguna deferencia hacia mí, me le acerqué, le extendí la mano con firmeza mientras me presentaba, y le preguntaba en qué le podía ayudar. Acto seguido, mientras el hombre me hablaba, le pedí que pasara conmigo a mi oficina, a lo cual accedió. Sé que esta decisión puso en riesgo mi propia vida, pero como pastor protector de las ovejas que el Señor me encomendó defender a costa de mi propia existencia, necesitaba con urgencia dialogar con este hombre sobre el asunto que lo llevó a la casa de Dios con la intención de asesinar a algún feligrés.

Mientras escuchaba las razones por la cual el hombre había venido a matar a alguien, el Espíritu me dio los medios para llegar a su corazón y así, desarmarlo tanto espiritual como emocionalmente. El hombre había tenido muchos problemas desde su niñez, y esos problemas lo habían seguido hasta la adultez, incluso en su relación con sus hijos y en este caso con su esposa. El furioso hombre pensó que su esposa le estaba siendo infiel, y que la persona con la que lo hacía visitaba nuestra iglesia. Finalmente, descubrimos que su esposa (de la que recientemente se había separado por los celos enfermizos del hombre) nunca le había sido infiel, y que había sido él el que lo había hecho.

En el diálogo, también descubrí que la madre de aquel hombre lo había llevado a la iglesia, desde su niñez hasta la adolescencia y que se apartó tiempo antes de casarse a los 21 años. Reconoció que su mayor problema era haber abandonado la fe de Cristo. Y que al caminar por la vida a espaldas de Dios había caído en vicios y cometido horrendos pecados.

Mientras salían a la luz todas estas cosas, el corpulento hombre se descompuso, llorando y pidiéndole perdón al Señor y a mí como pastor, por haber provocado esta terrible incertidumbre en la iglesia.

Luego que el joven se compuso un poco, lo invité a que se reconciliara con el Señor y así, cuan pesado y grande que era, tuve que asistirlo para que pudiera llegar hasta el altar, ya que había perdido las fuerzas por causa del quebrantamiento que estaba experimentando, para recibir a Cristo y el perdón de sus pecados.

Ese día hubo fiesta en el cielo porque un alma había sido rescatada de las garras del infierno para convertirse en una vida sana y salva por el poder de la sangre de Jesucristo. El siguiente domingo el hombre llegó al templo acicalado, con Biblia en mano, acompañado por su esposa y sus dos hermosos hijos.

Esta experiencia me enseñó algo que he atesorado durante el resto de mi vida; que ser valiente no significa estar ausente de temores, que aun cuando seamos débiles y nos sintamos atemorizados, podemos triunfar ante cualquier circunstancia, porque el Señor nos ayuda. Así lo expresó el profeta cuando dijo:

> Pero el Señor está conmigo como un guerrero poderoso;
> por eso los que me persiguen caerán y no podrán prevalecer,
> fracasarán y quedarán avergonzados.
>
> *Jeremías 20.11-12,* NVI

En esto estriba nuestro caminar en esta tierra. En confiar plenamente en el Señor pues «sabemos que Dios hace que todas las cosas cooperen (como un plan) para bien de los que le aman…» (Romanos 8.28). Yo lo sentí cuando enfrenté a aquel hombre armado a la puerta del templo. Al principio no lo entendía, pero al final lo comprendí: Dios siempre estuvo al control, y por eso todo resultó según su perfecto plan.

Las armas de Dios son sumamente poderosas cuando van acompañada de la fe. Derriban muros, derrotan gigantes, hacen huir ejércitos y superan toda oposición venga de donde venga. Sigue leyendo con «cantaros y trompetas» y descubre el gran poder de Dios manifestado a favor de los que le obedecen. ¡Será una aventura de fe extraordinaria!

Varón esforzado y valiente

«El Señor está contigo, varón esforzado y valiente» (Jueces 6.12). Al escuchar estas palabras podríamos pensar que fueron dirigidas a alguien que ha superado inmensos obstáculos, alcanzado grandes logros o vencido en innumerables batallas. Sin embargo, nada de esto había ocurrido en la vida de este insigne hombre llamado Gedeón. Este joven de Ofra, ciudad de la media tribu de Manases, tenía mucho miedo y se escondía por temor a ser humillado, despojado y hasta en riesgo de perder la vida por un ejército de madianitas, quienes unidos con los amalecitas y otros clanes del este, venían año tras año en tiempo de cosecha a robarles a los israelitas todos los alimentos por los que habían trabajado arduamente y a duras penas durante todo el año, junto con los animales domésticos (ver Jueces 6.1ss).

Madián estaba compuesto de camelleros nómadas, pastores itinerantes del desierto arábigo, cuyo método de rápidas incursiones y ataques era una terrible amenaza. Los israelitas, ya sedentarizados y carentes de un líder, se veían ahora expuestos a los ataques de los nómadas. Las anuales devastaciones al tiempo de la siega exigían especiales procedimientos de precaución y refugio. Es por ello que encontramos a Gedeón desgranando el trigo en un lagar que estaba oculto para que no fuese descubierto por los invasores. Los lagares eran construidos para pisar la uva de donde sale el jugo y el vino, no para trillar el trigo como lo hacía nuestro amigo. Aun así, esta era, al parecer, la manera en la que él podría salvar algo de la cosecha que continuamente perdían por causa de los vándalos.

La ocupación por Canaán de parte de los madianitas no era permanente, sino una desolación esporádica pero repetitiva. Tan pronto como salía la dorada producción en los campos o la siega era almacenada en los graneros, llegaban ellos inesperadamente. Como la plaga de las langostas, no dejaban nada. Aquello que no podían llevarse como despojos lo destruían. El sentimiento de inseguridad ante la vida y la propiedad era tal que el pueblo se hizo «cuevas en los montes, cavernas y lugares fortificados» (Jueces 6.2), en busca de la seguridad para ellos y sus posesiones.[1]

Este terrible azote había empobrecido la tierra durante siete años, cuando el pueblo una vez más pensó en el Dios de sus padres y clamó a él (Jueces 6.6). En esta ocasión, como ocurrió con Moisés, quien fue

---

[1] Alfred Edersheim, *Comentario bíblico histórico: Josué, Jueces, Rut* (Barcelona: CLIE, 2009), 147.

llamado por Dios para liberar a los israelitas de la esclavitud en Egipto, Dios envía un ángel para encomendarle la misma tarea a Gedeón: liberar a su pueblo de la opresión de los madianitas. De igual manera, tanto Moisés como Gedeón se sintieron indignos e incapaces de poder realizar la inmensa tarea que se les encomendaba. Finalmente, ambos aceptaron luego de que el Señor les prometiera que estaría con ellos hasta lograr lo que para ellos parecía imposible: liberar al pueblo.

Es justo cuando el «guerrero fuerte» está en su punto más bajo, que el mensajero del pacto de repente se aparece delante de él. No solamente el resplandor de su rostro y forma, sino también el tono con el que hablaba, y aún más sus palabras, impresionaron inmediatamente las cuerdas del corazón de Gedeón. «El Señor sea contigo, héroe poderoso». Así, pues, se entiende que Gedeón era uno de los pocos que miraba al Señor como un ayudador y expresaba tanto creencia como confianza.

Este ser celeste apareció bajo el carácter y aspecto de viajero, quien se acomodó a la sombra de un árbol para refrescarse y descansar, y trabando conversación con Gedeón sobre el tema que ocupaba la atención del momento, la gravosa opresión de los madianitas empezó a animar a Gedeón a ejercer su bien conocida proeza para bien de su país. Tal vez el ángel haya hablado con cierta ironía respecto a la fuerza de Gedeón (Jueces 6.14). Sin embargo, también podría haber sido una prueba. Si Gedeón se hubiera creído capaz de librar a Israel por su propia fuerza, habría fracasado. La timidez de Gedeón magnifica el poder del Señor en la liberación y en su propia vida y no son un impedimento para que Dios se glorifique.

Ante su realidad existencial no es para menos que Gedeón exponga delante del ángel sus dudas más íntimas, objeciones y preocupaciones. Mirando alrededor, a su tribu, su clan, su propia posición en él, parecía muy poco probable que la ayuda viniera por medio de él; y, si tenemos en cuenta todas las circunstancias, era en verdad poco probable. Ante todo esto sólo había una respuesta contundente: «Yo estaré contigo» (Jueces 6.16). Recordemos por un momento, las objeciones que Moisés le pone a Dios: «¿Quién soy yo para ir al faraón y sacar de Egipto a los hijos de Israel? (Éxodo 3.11), o la clásica objeción de Jeremías: «No sé hablar. Soy todavía un niño» (Jeremías 1.6). La respuesta del Señor es en todos los casos la promesa de una ayuda eficiente: Él estará siempre con aquél al que envía (6.16; Éxodo 3.12; Jeremías 1.8). La presencia de Dios será la garantía de la victoria, Gedeón tendrá que aprender a caminar y a confiar plenamente en el Espíritu de Dios, solo así el pueblo gozará de paz.[2]

Gedeón acepta la encomienda

Así como Josué fue fortalecido por un ángel del Señor antes de la conquista de Jericó (Josué 5.13-15), Gedeón es fortalecido antes de ir a la batalla contra los madianitas. Luego de un diálogo cara a cara con el ángel (Jueces 6.22), Gedeón acepta la encomienda y comienza a prepararse para encarar el mayor desafío de su vida.

Lo primero que hizo Gedeón no fue convocar a las distintas tribus israelitas para salir a la batalla, afilar la espada o colocarse una armadura de guerrero. Lo primero que hizo fue adorar al Señor y posteriormente, tras ser insuflado de valentía por el Espíritu Santo, derribó los altares del dios pagano Baal, que era adorado por la mayoría de sus hermanos israelitas, y por causa del cual habían recibido las calamidades que le habían sobrevenido. Esta será la clave para la victoria. No lo serán las estrategias militares, las armas ni la fuerza. La victoria se ganó antes de la batalla, como ocurrió con Jesús en Getsemaní. No fue su muerte y resurrección, sino su clamor al Padre en Getsemaní lo que le dio las fuerzas y la seguridad para enfrentar el gran reto que tenía de frente y vencer. Gedeón, como anticipo de Cristo, recibe las fuerzas para hacer lo que desde los días de Josué nadie se había atrevido a hacer: enfrentarse a los enemigos de Israel.

Aunque como humano al fin, Gedeón tendría que seguir trabajando con sus miedos, limitaciones e inseguridades, paulatinamente y tras recibir el apoyo directo del Señor, quien tiene paciencia con las debilidades de su pueblo, Gedeón dejó de ser el joven escuálido y temeroso para ser el capitán de los escuadrones del Señor. El instrumento con el cual Dios manifestaría su poder. Y la inspiración para que todos adoren al único y verdadero Dios.

---

2 Luis Alonso Schökel, *Comentario a Jueces*, *Biblia del peregrino* (Bilbao: Ediciones Mensajero, 2009), 446.

Llamado en esta emergencia al servicio de su país fue investido milagrosamente de sabiduría y energía conmensuradas con la magnitud del peligro y las dificultades de su posición. Su grito de guerra fue obedecido entusiastamente por las tribus vecinas del norte. En vísperas de tan peligrosa empresa buscó fortificar su mente con una nueva seguridad del llamamiento divino para un oficio de tanta responsabilidad.

El pequeño ejército de Gedeón

La respuesta de las tribus hermanas produjo sus frutos, aunque no los suficientes para igualar al ejército de los madianitas. Aunque el ejército israelita contaba con treinta y dos mil hombres, que era la sexta parte del ejército madianita, el número era demasiado porque el propósito de Dios era enseñar a Israel una lección memorable de dependencia de él. Por esto, el Señor le extiende una nueva orden a Gedeón; orden que dejaría estupefacto a cualquier comandante de ejército alguno.

El Señor le ordena a Gedeón diezmar al ejército hebreo por medio de dos deducciones. En cuanto a estrategias militares y al arte de las guerras modernas esta orden de Dios carece de sentido, pues para ganar las guerras mientras más soldados haya más oportunidades de vencer habrá. Sin embargo, las matemáticas de Dios no siempre cuadrarán con las nuestras. Para Dios, mientras menos mejor, así el hombre no tendrá motivos para jactarse ante cualquier victoria alcanzada.

La primera deducción consistía en anunciarle a todos los que habían respondido al llamado, que al que le falte valentía o que tenga miedo, tenga la libertad de abandonar su posición y se regrese a su casa. Así que, para sorpresa de Gedeón veintidós mil de ellos que estaban muertos de miedo se fueron a su casa y quedaron solo diez mil dispuestos a pelear. Más de dos terceras partes de las fuerzas abandonan sus posiciones y, como si fuera poco, Dios le comunica a nuevamente a Gedeón que los restantes diez mil aún son mucho pueblo (Jueces 7.4).

La segunda sería una prueba solo conocida por Gedeón y aún más irracional que la primera, pues para Dios el ejército todavía era «demasiado grande» para sus propósitos. Esta consistía en llevar al ejército al río para que tomaran y se abastecieran de agua. La forma en que lo hicieran definiría su permanencia en las filas. «Cualquiera que lamiere las aguas con su lengua como lame el perro, a aquellos pondrás aparte; asimismo a cualquiera que se doblare sobre sus rodillas para beber» (Jueces 7.5).

Los nómadas de Asia, cuando están viajando de prisa, y llegan al agua, no se arrodillan a beber, sino que se agachan lo suficiente para poner su mano en contacto con la corriente, y levantarla rápidamente y lo hacen con tal destreza que no pierden una gota. Parece que los israelitas estaban acostumbrados a esta práctica; los que la adoptaron en esta ocasión fueron elegidos como aptos para una obra que demandaba presteza; los demás fueron despachados por orden divina.[3]

De los diez mil, nueve mil setecientos doblaron sus rodillas o se zambulleron en el río, descuidando así sus posiciones de defensa ante un inminente ataque. Sólo trecientos tomaron el agua de su mano mientras sujetaban su arma con la otra. Por eso el Señor dijo: «con estos trescientos que lamieron, os salvaré y entregaré a los madianitas en tus manos» (Jueces 7.7). Es difícil imaginarse una prueba más severa que la orden de atacar a las fuerzas abrumadoras del enemigo, compuesta por ciento treinta y cinco mil soldados, con tal puñado de seguidores (ver Jueces 8.10). Pero fue firme la fe de Gedeón en la divina seguridad de victoria, y es por ello que él es tan altamente alabado (Hebreos 11.32).

Para animar a Gedeón ante el temor de defender su causa con tan pocos hombres, Dios lo envía al campamento de los madianitas en uno de los valles cercanos a Canaán. En tiempos antiguos no se consideraba degradante que las personas de la categoría más alta actuaran como espías en el campo del enemigo. Gedeón lo hizo, porque Dios quería que oyese algo que les daría ánimo a él y a su tropa. El campamento parece haber estado sin defensas, pues Gedeón no tuvo dificultad en llegar hasta allí y escuchar una conversación que cambiaría su manera de pensar. Tanto los madianitas como los amalecitas, entre otros que le acompañaban, estaban echados en el suelo de sus casetas envueltos en sueño, descansando del pillaje del día, con sus camellos en derredor. Entonces Gedeón se acercó sigilosamente, justo cuando un hombre le contaba el siguiente sueño a su compañero:

---

[3] Roberto Jamieson, *et al.*, *Comentario exegético y explicativo de la Biblia*, Tomo I (Texas: Casa Bautista de Publicaciones, 2003), 235.

> Veía como un pan de cebada venía rodando cuesta abajo
> hacia el campamento madianita; ¡entonces cuando golpeaba
> una carpa, la volteaba y la aplastaba! Su compañero le
> respondió: Tu sueño solo puede significar una cosa: ¡Dios
> le ha dado a Gedeón, hijo de Joás, el israelita, la victoria
> sobre Madián y todos sus aliados!
>
> *Jueces 7.13-14*

Cuando Gedeón oyó el relato del sueño y su interpretación, se inclinó en adoración ante el Señor. Ahora, el plan de Dios comenzaba a cobrar sentido para él. Entonces, insuflado de entusiasmo, regresó al campamento israelita y gritó: «¡Levántense, porque el Señor les ha dado la victoria sobre las multitudes madianitas!»

Con cántaros y trompetas

> ¡Escucha, Israel! Hoy vas a entrar en batalla contra
> tus enemigos. No te desanimes ni tengas miedo; no te
> acobardes ni te llenes de pavor ante ellos, porque el Señor
> tu Dios está contigo; él peleará en favor tuyo y te dará la
> victoria sobre tus enemigos.
>
> *Deuteronomio 20.3-4*

Tras conocer el temor paralizante de sus enemigos, Gedeón ideó un plan de guerra absolutamente inverosímil. Formó a sus hombres en un plan de ataque, no para presentar batalla al enemigo, sino para asustarle.

> Y repartiendo los trescientos hombres en tres escuadrones,
> dio a todos ellos trompetas en sus manos, y cántaros vacíos
> con teas ardiendo dentro de los cántaros.
>
> *Jueces 7.16*

Usar cántaros, trompetas y una antorcha en el cántaro en vez de armas como las que se utilizan cuando los ejércitos pelean las batallas es una estrategia de guerra totalmente risible e incomprensible. Cada soldado habría de tomar su trompeta, como si fueran a un juego de béisbol en lugar de a una batalla. Pero ¿quién podrá desobedecer una orden divina y prevalecer? Nuevamente, y como verás durante todo este libro, ante lo irracional de una encomienda divina, la obediencia junto con la fe producirá una vez más una victoria sobrenatural y contundente.

Al estar el ejército de Gedeón disminuido hasta el extremo que hemos visto, solo le queda luchar por fe o no luchar de ninguna forma. De ahí que Dios le provea de recursos para su fe en lugar de proveerles de recursos para sus fuerzas. La fe en la palabra de Dios: «Levántate y desciende al campamento [...] porque yo lo he entregado en tus manos» (Jueces 7.9) hizo que Gedeón y sus trecientos salieran confiados en que lograrían una victoria nunca vista, aunque desconocían cómo Dios lo iba a hacer.

> Y los tres escuadrones tocaron las trompetas, y quebrando los cántaros tomaron en la mano izquierda las teas, y en la derecha las trompetas con que tocaban, y gritaron: ¡Por la espada de Jehová y de Gedeón! Y se estuvieron firmes cada uno en su puesto en derredor del campamento; entonces todo el ejército echó a correr dando gritos y huyendo. Y los trescientos tocaban las trompetas; y Jehová puso la espada de cada uno contra su compañero en todo el campamento. Y el ejército huyó...
>
> *Jueces 7.20-22*

Gedeón no tuvo que pelear, Dios lo hizo. Él solo siguió el plan establecido por Dios al pie de la letra y Dios lo exaltó por su obediencia. La razón de dividir sus fuerzas fue para que pareciese que estaban envolviendo al enemigo. Los cántaros estaban vacíos para esconder las teas y eran de barro, fáciles de romperse. La repentina llamarada de las luces levantadas en alto, el fuerte eco de las trompetas y la gritería de Israel, siempre terrible (Josué 6.20), y ahora más terrible que nunca por palabras tan sorprendentes «por el Señor y por Gedeón», rompieron la paz de medianoche; y los que estaban dormidos despertaron aturdidos.[4]

Gedeón y sus valientes no dieron ningún golpe, pero el enemigo echó a correr tumultuosamente, lanzando gritos salvajes y discordantes. Pelearon indistintamente, en medio de la oscuridad, sin conocer enemigo ni amigo. Siendo general el pánico, los que lograron sobrevivir

---

[4] *Ibid.*

de en medio de la escaramuza huyeron precipitadamente de su propio ejército.

Los hombres pelean sus batallas, pero la victoria es del Señor

La historia de Gedeón nos muestra una vez más que los hombres pelean sus batallas, pero la victoria es del Señor. Desde esa memorable noche, y mientras Gedeón estuvo al frente liderando a los israelitas, su pueblo no volvió a ser oprimido por sus enemigos. Queda al descubierto la naturaleza del Señor. Sin importar cuánto nos alejemos del Señor, Dios está dispuesto a recibirnos de nuevo siempre que le recordemos y supliquemos por su liberación (2 Crónicas 7.14).

El hecho de que recordemos al Señor y su poder salvífico cuando estamos en situaciones críticas es un fenómeno humano común. Sin embargo, no tenemos por qué orar y buscar a Dios sólo cuando estamos involucrados en un problema o ante situaciones precipitantes. Amemos el consejo divino que nos invita a buscar al Señor mientras podamos encontrarlo y a llamarlo mientras está cerca (Isaías 55.6).

En conclusión, el relato de la victoria de Gedeón sobre los madianitas solo con trescientos soldados muestra que no es con estratagemas y poder humanos como ganamos las batallas contra nuestros enemigos. El triunfo se obtiene cuando Dios bendice los esfuerzos realizados, sin importar cuán pequeños sean o cuán faltos de sentido parezcan.

Nos exhorta a la confianza absoluta en el Señor, a pedir la guía de Dios para que nos muestre estrategias que nos ayuden a superar toda adversidad, por muy grande que sea. La oración sola sin un plan de acción es como tener fe en Dios, pero sin obras, y la fe sin obras es muerta (Santiago 2.14). Gedeón tuvo fe y la acompañó con acciones que la afirmaron ante la adversidad. Tengamos en alta estima a los que son como él, e imitemos su conducta. De esta forma, estaremos tranquilos pues el Señor pelea nuestras batallas (Éxodo 14.14).

Lo hizo por mí, cuando quebrantó a aquel hombre que vino a matar a un miembro de mi iglesia. Y lo hará por ti, cuando tengas que enfrentar cualquier adversidad, pues el ángel del Señor acampa alrededor de los que le temen, y los defiende (Salmo 34.7).

Capítulo 5

Con palos y piedras

*Tomó cinco piedras lisas de un arroyo
y las metió en su bolsa de pastor.
Luego, armado únicamente con su vara de pastor y su honda,
comenzó a cruzar el valle para luchar contra el filisteo.*
1 Samuel 17.40, NTV

¿Alguna vez te has sentido ignorado o subestimado por las personas en quienes más confiabas y de quienes esperabas su incondicional apoyo? Carlos sí. Este joven y exitoso empresario dirigía una empresa dedicada a maquinarias pesadas, con gigantes grúas de las que se utilizan para construir edificios. Sus ingresos anuales se acercaban a las siete cifras y cada año sus ingresos superaban los del año anterior. A pesar de que Carlos y su familia vivían cómodamente y tenían todo lo que cualquier familia pudiera desear, el dinero no satisfacía sus necesidades del corazón, como la paz y la seguridad de salvación. Por tal razón, Carlos sintió la necesidad de visitar una iglesia evangélica de su comunidad y sin haberlo planificado, tanto él como su esposa recibieron a Jesucristo como Señor y Salvador de sus vidas.

El tiempo pasó y el amor por la obra de Dios y la pasión por las almas que se pierden impregnaron el corazón de este joven empresario. Un día, mientras leía las Escrituras, Carlos sintió que el Señor le estaba llamando al ministerio pastoral. Así como Gedeón, quien temeroso le pidió al Señor varias confirmaciones respecto a la encomienda divina que acababa de recibir, Carlos le pidió a Dios una y otra vez que le ayudara a entender que lo que estaba sintiendo no era una simple sensación emocional, sino la voluntad de Dios. Efectivamente, una vez tras otra Dios le confirmaba el llamado que le había hecho y le exhortaba a ser valiente y a no temer porque él lo acompañaría en el proceso.

Luego de mucha oración y análisis sobre el futuro de su empresa, Carlos decidió renunciar a todo con tal de obedecer al Señor. Le habló a su pastor sobre su experiencia de fe y del llamado que Dios le había hecho y de cómo esto había transformado su vida, sus prioridades y su familia. Al principio, el pastor recibió la noticia con alegría y también la congregación una vez le fue comunicado el asunto. Sin embargo, tras comenzar el proceso requerido para este tipo de llamado, Carlos no fue aceptado. La razón: no creían que alguien con sus credenciales empresariales e ingresos económicos tan altos fuese a renunciar a todos esos beneficios para pastorear una congregación en la que con toda probabilidad recibiría un salario ínfimo. Carlos insistió en la veracidad de su llamado, pero a pesar de ello, no le creyeron.

Fueron momentos sumamente difíciles los que Carlos tuvo que enfrentar desde ese día en adelante. En su corazón había un fuego que ardía por servir al Señor, pero a la misma vez sentía dolor y frustración por haber sido subestimado por quienes él esperaba le apoyarían y motivarían en su deseo de cambiar su empresa de maquinarias pesadas por la obra del reino de Dios.

El siguiente día era sábado y en la iglesia donde Carlos se congregaba celebrarían un retiro de oración. Esa mañana había sido invitado un evangelista, reconocido por su don profético, a predicar la Palabra. Carlos, como de costumbre, llegó temprano al templo, oró frente a su silla en la última fila y luego se sentó. Ese día, Carlos no sentía deseos de adorar ni mucho menos interactuar con nadie. En el bolsillo de su chaqueta cargaba la carta que había escrito la noche antes donde presentaba su renuncia a los ministerios que ejercía en la iglesia y su afiliación a la congregación.

El evangelista invitado predicó un hermoso mensaje que estremeció las fibras más íntimas del corazón de toda la congregación allí reunida; excepto el de Carlos. Carlos estaba cabizbajo, callado y pensativo en aquella fría silla de la última fila. Inesperadamente, el evangelista, después de haber ministrado, cuando se proponía entregar el micrófono al pastor, el Espíritu le indica que invite al atribulado hombre de la última fila para darle un mensaje de parte del Señor.

Carlos se puso en pie y caminó lentamente hasta donde se encontraba el predicador. Al llegar, un torrente de lágrimas surcaba por sus mejillas, producto de su dolorosa e inesperada experiencia. No podía entender cómo pudo haberse equivocado respecto al llamado que Dios le había hecho si en su interior seguía ardiendo una llama inextinguible, un fuego santo y una pasión desbordante por los perdidos.

Ese día, Carlos comprendió que los hombres juzgan conforme a lo que ven, a lo que tienen frente a sí, pero Dios mira el corazón. Al verlo en la condición en que se encontraba, el evangelista quien no lo conocía, sintió compasión por él y lo abrazó fuertemente. Le impuso su diestra sobre la cabeza y le dijo: «El Señor me muestra un inmenso barco del tamaño de un crucero. Cientos de personas lo han abordado. El motor está encendido, pero no ha podido zarpar a surcar los mares porque no tiene un capitán que lo dirija. Te dice el Señor; el capitán de ese inmenso barco eres tú. No te detengas, camina, porque muchos esperan ser guiados a la tierra prometida y tú has sido el elegido para esta gran tarea».

Un año después de recibir esta palabra profética, Carlos y su familia fundaron una iglesia y en la actualidad pastorean una hermosa congregación de más de quinientas personas. Carlos vendió la empresa, y con parte del dinero compró un edificio enorme con capacidad para mil personas. Este valeroso guerrero del Altísimo ejerce el ministerio a tiempo completo y cada año Dios lo prospera más y más. La iglesia fundada por Carlos se llama «Arca de Salvación» en honor a la palabra de Dios dada por medio de aquel profeta.

Un llamado diferente

Les he contado el testimonio de Carlos porque su experiencia tiene una gran similitud con la del personaje que les hablaré en el resto de este capítulo. Un joven talentoso, subestimado por los suyos, tenido en poco por muchos, pero exaltado por Dios. Posteriormente, la nación de Israel al igual que la iglesia de Jesucristo en toda su historia, le enaltecería por sus proezas y su intensa búsqueda del amor y el perdón de Dios.

Como habrás notado hasta este momento, los personajes de los que hemos estado hablando en cada capítulo recibieron un llamado y una misión directa, cara a cara y sin intermediarios, de parte del excelso Dios. Para ellos, la voz del Señor se tornó familiar pues la escuchaban constantemente. Dios, además de Padre se convirtió en amigo y mentor de ellos para guiarlos por el camino que debían transitar, a la vez que los acompañaba y los guardaba durante todo el trayecto. Aunque no siempre tuvieron un entendimiento claro sobre lo que se les pedía, dudaban sobre su capacidad para realizarla o les parecía no tener sentido la encomienda recibida, una vez se dispusieron a obedecer y cumplir al pie de la letra todo lo que el Señor les indicaba, hicieron proezas inimaginables, vieron la gloria de Dios y alcanzaron sobrenaturalmente la meta trazada.

Sin embargo, el personaje del que les hablo no experimentó nada semejante a eso. Dios no se le apareció en el campo o las laderas donde trabajaba para hablar cara a cara con él. Ningún ángel fue enviado a darle un mensaje o una encomienda divina. Dios escogió a un hombre. Luego, a un profeta y juez de nombre Samuel, se le dio la importante tarea de ungirle para que fuese nada más y nada menos que el futuro rey de Israel.

El nombre de este joven era David (heb. «amado»), y lo único que sabemos de su persona es que «era un joven de piel morena, ojos brillantes y muy bien parecido» (1 Samuel 16.12, TLA). Que era pastor al cuidado de las ovejas de su padre. Y que su padre era Isaí o Jesé (1 Reyes 16.8; 1 Crónicas 2.13), de la tribu de Judá y oriundo de la aldea de Belén que significa «casa del pan», lugar de donde nació Jesús el Señor (1 Samuel 17.12).

El oficio de pastor

Es importante notar que David era pastor de ovejas. La Biblia describe el oficio de pastor como una labor muy común desde los tiempos de Abraham. Desde esta época, el pastoreo de ovejas, cabras y otros animales domésticos fue parte importante para el sustento y abrigo de la comunidad hebrea, así como para otras culturas. Jacob, por ejemplo, y también sus hijos, fueron pastores (ver Génesis 29ss). Moisés también lo fue por espacio de cuarenta años, antes de que

Dios lo llamara para liberar a los israelitas de la cautividad egipcia (Éxodo 3.1-22).

Un aspecto importante respecto a los pastores era que debían caminar por largos y peligrosos trayectos, lentamente, al paso de la manada hasta encontrar algún pozo de agua y pastos verdes y frescos para sus ovejas. Por esto, era común verlos pernoctar durante tiempo prolongado lejos de sus inmediaciones y de su círculo familiar más cercano. Además, por no poder asearse adecuadamente durante largos periodos de tiempo eran tratados con desprecio por algunos de sus compueblanos.

El peligro era constante ya que durante las noches los ladrones o los animales salvajes como los lobos, los leones o los osos, entre otras fieras, merodeaban el rebaño con la intención de devorar a alguna de las ovejas (ver 1 Samuel 17.34). Había también tribus merodeadoras a las que tenían que resistir, por estar siempre prontas para descender a sitios no vigilados, a saquear las casas y llevarse los ganados.

Según la cantidad de atacantes era el riesgo de las pérdidas ocasionadas. Ante esta constante amenaza de estos depredadores, los pastores debían turnarse durante la noche para servir de vigías. Si un animal atacaba, el pastor salía en defensa de sus ovejas enfrentando a la fiera a costa de su propia vida hasta liberarla o, por la menos, lograr que haya la menor perdida posible. En ocasiones no es sino la vida misma del pastor la que se pierde en el intento de defender al rebaño de los depredadores. De ahí, las palabras de Jesús cuando dijo: «Yo soy el buen pastor; el buen pastor su vida da por las ovejas. Mas el asalariado, y que no es el pastor, de quien no son propias las ovejas, ve venir al lobo y deja las ovejas y huye, y el lobo arrebata las ovejas y las dispersa» (Juan 10.11-12).

Características de un pastor

Para comprender un poco más sobre el oficio de pastor en los tiempos de la era davídica, mencionaré algunas características que nos ayudarán a vislumbrar una mejor perspectiva para lo que hablaremos más adelante. En las familias hebreas, con frecuencia, el niño más joven de la familia viene a ser el pastor de las ovejas, especialmente cuando el patriarca es tanto pastor como agricultor. Como el mayor va creciendo, transfiere sus energías de cuidador de ganado para ayudar a su padre a arar, sembrar y levantar la cosecha, por eso pasa la tarea de pastor al hermano más joven que él. Y así el trabajo se pasa del mayor al menor de todos y éste viene a ser el pastor. Esta debe haber sido la costumbre cuando Isaí crió su familia de ocho hijos. «Entonces dijo Samuel a Isaí: ¿Son estos todos tus hijos? Y él respondió: Queda aún el menor, que apacienta las ovejas» (1 Samuel 16.11). En este caso, David, siendo el más joven de los ocho hijos, vino a ser el pastor de la familia.[1]

La vestimenta de un pastor

Esta consiste en una sencilla túnica de algodón acompañada de un cinto de cuero, y un manto llamado «aba» que es frecuentemente de pelo de camello, como lo era el de Juan el Bautista (Mateo 3.4). El «aba» mantiene abrigado al pastor, le sirve como impermeable, y por la noche lo usa como frazada en la cual se envuelve para resguardarse del frío extremo común en el desierto durante la madrugada.

El zurrón del pastor

Se trata de una bolsa hecha de cuero. Cuando sale del hogar y se va a cuidar las ovejas, su madre o esposa le pone en él pan, queso, frutas secas y algunas aceitunas. Fue dentro de este saco que David puso las cinco piedras lisas cuando fue a la batalla contra Goliat (1 Samuel 17.40).

La vara del pastor

El profeta Ezequiel se refiere a la costumbre de pasar las ovejas bajo la vara del pastor con el propósito de contarlas e inspeccionarlas: «Y os haré pasar bajo de vara» (Ezequiel 20.37). Esta vara es semejante al bastón policial o al que lleva el guardia de seguridad. A menudo se usan de madera de encino teniendo una bola en el extremo. En esta bola algunas veces se hincan clavos para hacer de ella un arma mejor. Es muy útil para la protección y ningún pastor saldría al campo sin ella. David usó esa vara para proteger sus ovejas de los animales feroces que amenazaban tanto a sus ovejas como a su propia vida.

---

[1] Fred H. Wright, *Usos y costumbres de las tierras bíblicas* (Grand Rapids: Portavoz, 1981), 182.

El cayado del pastor

Se trata de una vara de cerca de dos metros de largo y algunas veces, aunque no siempre tiene un gancho en el extremo. Es muy útil al manejar las ovejas para protegerlas y también para engancharlas entre sus patas y rescatarlas cuando caen por un precipicio difícil de alcanzar con las manos.

En el llamado «salmo del pastor», David menciona la vara y el cayado: «Aunque ande en valle de sombra de muerte, no temeré mal alguno, porque tú estarás conmigo; tu vara y tu cayado me infundirán aliento» (Salmo 23.4), como símbolo del cuidado de Dios por nosotros, así como él cuidaba de las ovejas de su padre.

La honda del pastor

Esta era una herramienta sencilla, estando compuesta de dos hilos de tendón, de soga o de cuero y un pedazo de cuero para colocar la piedra. Una vez colocada la piedra, se le daba vuelta sobre la cabeza una o dos veces y entonces se descargaba soltando uno de los hilos. El pastor, además de usar su honda en contra de los devoradores o de los ladrones, la tenía siempre muy a mano para dirigir a sus ovejas. Podía arrojar una piedra cerca de la oveja que iba descarriándose o quedándose atrás, para llevarla nuevamente con el resto del ganado. O si alguna se iba en cualquier dirección lejos del ganado entonces una piedra arrojada con su honda de manera que fuera a caer un poco delante de la oveja descarriada, de esa manera lograba que regresara.[2] Fue su honda de pastor la que usó el joven David para matar al gigante Goliat (1 Samuel 17.40-49).

El arpa y la flauta del pastor

Generalmente una pequeña arpa, pero mayormente la flauta por ser más compacta constituía una de las cosas que el pastor llevaba siempre consigo. Con la suave melodía de este instrumento el corazón del pastor se anima y las ovejas del rebaño se refrescan con la música vigorizante que emite ese sencillo instrumento. No hay duda de que David usó tal instrumento cuando cuidaba su rebaño. Su destreza

---

2 *Ibid.*, 184.

era tal que fue recomendado por los sirvientes del rey Saúl para que tocase el arpa en la casa real con el fin de que al tocarla el rey sintiera alivio de su malestar. «Cada vez que el espíritu de parte de Dios atormentaba a Saúl, David tomaba su arpa y tocaba. La música calmaba a Saúl y lo hacía sentirse mejor, y el espíritu maligno se apartaba de él» (1 Samuel 16.23).

No es la apariencia, es el corazón

«Llena tu cuerno de aceite, y ven, te enviaré a Isaí de Belén, porque de sus hijos me he provisto de rey» (1 Samuel 16.1). Cuando Samuel llegó a la casa de Isaí le pide al patriarca que convoque a sus hijos con la intención de ofrecer holocausto al Señor, Dios de Israel. Al verlos, Samuel, que hasta el momento desconocía cuál de ellos era el elegido por Dios, se aprestó de inmediato a ungir a Eliab el hermano mayor cuando lo vio acercarse y notar su aire de nobleza, su hermoso rostro, su alta estatura, olvidándose de que la triste experiencia con Saúl ya debía haberle enseñado que la apariencia exterior valía poco, pues a Dios le interesan más los valores del corazón; la excelencia moral, que las ventajas corporales. Samuel pensó que ese era el indicado, pero el Señor deteniéndolo le dijo: «No te dejes impresionar por su apariencia ni por su estatura, pues yo lo he rechazado. La gente se fija en las apariencias, pero yo me fijo en el corazón» (1 Samuel 16.7).

Eliab no era el escogido; tampoco lo fue Abinadab ni Sama ni ningún otro de los siete hermanos. Perplejo por este fracaso aparente, Samuel preguntó si éstos eran todos los hijos que tenía Isaí y se le dijo que había aún otro, el más joven de ellos, un muchacho en el que no pensaban y que se ocupaba en guardar las ovejas de su padre.

En este punto, es interesante notar que, ante el llamado del profeta a todos los hijos de Elí, David ni siquiera fue considerado en la lista. David estaba en el campo apacentando las ovejas y allí fue dejado, a pesar de que se estaba celebrando en su casa una solemnidad con sacrificio. Esto indica que, tanto para su padre como para sus hermanos, invitar al joven David era una pérdida de tiempo.

Tras conocer que todavía faltaba el más pequeño de los hijos de Elí, dijo el profeta: «Envía por él, porque no nos sentaremos a la mesa hasta que él venga aquí»; porque si los demás han de ser rechazados, él ha de ser el elegido. Por tanto, fue llamado David apresuradamente y entró ante la augusta presencia del profeta, no sabiendo nada de lo que le esperaba. verle parado delante del anciano profeta: hermoso, de figura delicada, aunque atlética, de aspecto franco e inocente, de ojos vivos; todo su noble porte digno de verse. Este fue el escogido; la voz interior le murmuró, «Levántate y úngele, porque éste es» (1 Samuel 16.12). Y Samuel, obedeciendo el impulso, tomó el cuerno de óleo sagrado, y ungió a David en medio de sus hermanos,[3] quienes con toda seguridad no estaban nada de contentos con él, especialmente su hermano mayor Eliab (ver 1 Samuel 17.28-29).

Un rey sin trono

Así que el profeta Samuel unge a David como rey de Israel. Esto no implicaría que se sentaría en el trono de inmediato, sino cuando el presente rey ya no estuviera. David era un rey sin trono, un rey en proceso. No tenía un trono ni tampoco el cetro en su mano, pero tenía algo más valioso; la unción del Espíritu Santo (1 Samuel 16.13) y el aval del Dios de Israel para dirigir los destinos de la nación en el tiempo indicado. Saúl, por su parte, tenía el trono y el cetro, pero por causa de su soberbia y desobediencia a Dios, el Espíritu Santo se había apartado de él (1 Samuel 16.14) y, por tal razón, había sido desechado por el Señor sin remedio alguno de parte de Saúl. Solo era cuestión de tiempo, paciencia y algunas duras pruebas antes de que David pudiese ocupar el lugar que Dios había destinado para él desde antes de nacer (Salmo 139.16).

Según el relato, David se sentía altamente vigorizado por el Espíritu Santo desde el día en que fue ungido en su casa por el profeta Samuel (1 Samuel 16.13). Esto se puede apreciar claramente, porque cuando su padre Isaí mandó que le llevase algunos comestibles a sus tres hermanos mayores que habían salido a la guerra contra el ejército filisteo, David hizo algo inimaginable, descabellado y ridículamente incorrecto, pero que cambiaría para siempre la historia de su vida y la de su pueblo Israel. Algo que solo se le podría ocurrir a dos tipos de personas: a una

---

3   Guillermo J. Deane, *David, su vida y sus tiempos* (Texas: Casa Bautista de Publicaciones, 1939), 8.

que esté fuera de sus cabales o a una que esté impregnada del poder del Espíritu Santo; y en el caso de David, esta última fue la razón que lo llevó a actuar de la manera en que lo hizo.

Allí estaba David en el valle de Ela, en medio del ejército israelita con la fiambrera en mano con los alimentos que había traído para sus hermanos. Como no vio acción como era de esperar en una guerra, el extrovertido joven se les acercó a algunos de los israelitas para saciar su curiosidad del por qué no había confrontamiento entre ambos ejércitos.

Se le explicó a David que había un filisteo, de inmensas dimensiones, que desafiaba al ejército israelita y que en su representación se escogiera a un hombre lo suficientemente valiente para que luchara cara a cara contra él. Si el gigante ganaba los israelitas serían sus siervos. Si era derrotado por el israelita, entonces los filisteos serían siervos de ellos.

El trato parecía justo y equitativo pero, ante las inmensas y aterradoras dimensiones del gigante filisteo de nombre Goliat, natural de Gat, todo el ejército israelita incluyendo a su rey Saúl, se habían quedado paralizados y llenos de pavor. Para que tengamos una idea respecto a las dimensiones de este hombre, permíteme darte algunos detalles descritos por el historiador. Su estatura era de casi tres metros. Llevaba puesto un casco de bronce y una cota de malla, y el peso de la cota de bronce era de 57 kilos. Tenía también grebas de bronce en las piernas y una jabalina de bronce colgada entre los hombros. El asta de su lanza era como un rodillo de telar y la punta de su lanza pesaba 6.84 kilos de hierro; y su escudero iba delante de él (1 Samuel 17.4-7). Este gigante encarnaba al hombre de guerra por excelencia. Aguerrido, audaz, impertinente y provocador, Goliat había arrinconado a todo un ejército de guerreros experimentados por espacio de 40 días. Así de impresionante era su figura.

¡Qué tremendo el contraste entre la figura de David y la de Goliat! Y qué tremendo contraste entre David y el ejército israelita. Al escuchar la respuesta a su curiosa pero importante pregunta, David decide hacer lo que ningún otro hasta el momento se había atrevido. En vez de atemorizarse y quedar imobilizado ante las amenazas de Goliat, David se molesta, al punto de ofrecerse voluntariamente para resolver el asunto. Pero antes, cabe preguntarnos: ¿de dónde provenía este miedo que sentían los israelitas? Resulta tentador creer que Goliat era la fuente de esta turbación. Pero los miedos nunca se originan en lo adverso de nuestras circunstancias, sino en la ausencia de seguridad que existe dentro de nuestro propio corazón. Los israelitas temían porque creían que su integridad física dependía enteramente de sus propias capacidades. Al comparar sus aptitudes con las de Goliat, se sentían en clara desventaja.[4]

Si David hubiera realizado este análisis, también se habría atemorizado, pues sus habilidades para la guerra eran infinitamente menores que las de Goliat. No obstante, la respuesta de David revela que a él le preocupaba algo más importante que su propia integridad física. Le molestaba profundamente que a ese filisteo incircunciso se le permitiera, una y otra vez, ridiculizar a los escuadrones del Dios viviente. Lo que David quería hacer no era producto de una valentonada de guapetones de barrio, sino producto de su conmoción al saber que se ridiculiza al receptor de su devoción. A Aquel que le llamó para ser rey. Su pasión no le permite permanecer en silencio. Los israelitas serían testigos de que cualquiera que se levante contra Dios tiene que enfrentarse con su siervo, David.

La medida de nuestra estatura espiritual queda expuesta claramente cuando nos indigna más lo que ofende el nombre de Dios que lo que ofende nuestra propia sensibilidad. En las Escrituras, los gigantes de la fe fueron personas que poseían un extraordinario celo por la gloria del Todopoderoso. Ningún sacrificio era demasiado costoso a la hora de defender los intereses del Señor.[5]

Con palos y piedras

> ¡No seas ridículo!», respondió Saúl. «¡No hay forma de que tú puedas pelear contra ese filisteo y ganarle! Eres tan solo un muchacho, y él ha sido un hombre de guerra desde su juventud.
>
> *1 Samuel 17.33,* NTV

---

[4] Christopher Shaw, *Encuentros diarios con el Dios de la palabra* (Illinois: Tyndale House Publishers, 2017), 115.

[5] *Ibid.*

Esta expresión del rey Saúl resume, en una frase, el fulminante escepticismo que se apoderó del corazón de Saúl y de todo su ejército. Todo lo que veía en el aspecto de David le decía que no había forma de que este mancebo pudiera enfrentarse al gigante que los tenía paralizados de miedo. Sus ojos estaban puestos en aquello que se puede ver y lo visible, como hemos visto hasta ahora, no ha sido lo indispensable para alcanzar la victoria ante los grandes desafíos. Lo que realmente tiene peso en la vida de los que están a nuestro alrededor, rara vez se puede apreciar con nuestros ojos. Necesitamos que el Dios de los cielos nos conceda ver como él ve para que, al igual que David, nuestra óptica se ajuste más a la óptica de él.

> David respondió a Saúl: Tu siervo era pastor de las ovejas de su padre; y cuando venía un león, o un oso, y tomaba algún cordero de la manada, salía yo tras él, y lo hería, y lo libraba de su boca; y si se levantaba contra mí, yo le echaba mano de la quijada, y lo hería y lo mataba. Fuese león, fuese oso, tu siervo lo mataba.
>
> *1 Samuel 17.34-36*

David no tenía miedo. Tampoco necesitaba tomar prestada la armadura de nadie como pretendía Saúl para enfrentar al gigante. Él sabía que Dios era lo único y necesario para obtener la victoria más abrumadora y contundente alcanzada por hombre alguno según las Escrituras. La voluntad inquebrantable e ininterrumpida de hacer lo necesario para defender el buen nombre del Señor hizo que David fuese la mejor arma de destrucción masiva a la que ejército alguno en esta época pudiese aspirar. Por eso, David no solicitó que se dispusiera para él el mejor equipamiento, las mejores armas de guerra para enfrentar al gigante. David prefirió confiar en el Señor aun cuando su comisión no tuviese sentido alguno ante los ojos de su pueblo. Él sabía que los planes de Dios siempre superan a los de cualquier ser humano por más inteligente que sea.

> Y tomó su cayado en su mano, y escogió cinco piedras lisas del arroyo, y las puso en el saco pastoril, en el zurrón que traía, y tomó su honda en su mano, y se fue hacia el filisteo.
>
> *1 Samuel 17.40*

¡Qué difícil es imaginar con nuestra mente moderna, que una guerra se pudiese ganar utilizando «palos y piedras» como armas de ataque y defensa! Y mucho menos, si el ejército contrario está armado hasta los dientes con catapultas, mazos con puntas filosas, espadas, lanzas, arcos y flechas, escudos y más. Sin duda, pensaríamos que la batalla estaría perdida aun antes de empezar, que el resultado de esta sería una masacre encarnizada y un derramamiento de sangre incalculable. Sin embargo, Dios tenía otros planes. Ante las humillantes burlas y maledicencias de Goliat para intimidarle, David prefirió permanecer concentrado en lo que tenía que hacer para vencerlo. Y, sin la más mínima señal de temor, mirándolo fijamente a los ojos le dijo al filisteo:

> Tú vienes a mí con espada y lanza y jabalina; mas yo vengo a ti en el nombre de Jehová de los ejércitos, el Dios de los escuadrones de Israel, a quien tú has provocado. Jehová te entregará hoy en mi mano, y yo te venceré, y te cortaré la cabeza, y daré hoy los cuerpos de los filisteos a las aves del cielo y a las bestias de la tierra; y toda la tierra sabrá que hay Dios en Israel. Y sabrá toda esta congregación que Jehová no salva con espada y con lanza; porque de Jehová es la batalla, y él os entregará en nuestras manos.
>
> *1 Samuel 17.45-47*

Acto seguido, David lanzó con su honda la primera y única piedra necesaria para vencer al gigante. Su puntería fue tal, que la piedra parecía ser guiada por la mano de Dios. El golpe en el mismo centro de su frente, por entremedio de la armadura, fue tan contundente que hizo que Goliat cayera de cara al suelo, sin vida. Para los dos ejércitos, el resultado de la batalla fue algo sin precedentes e inesperado. Nadie podía creer, que un joven pastor tuviese la audacia y la tenacidad para hacer lo que un ejército completo no se atrevió a hacer; enfrentar y vencer al más temido enemigo al que se pudiese enfrentar.

Desde ese día, todos recordarían y apreciarían el nombre del niño más pequeño de la casa de Isaí. La victoria contra Goliat lo convirtió en héroe. Su hazaña sería recordada de generación en generación hasta la eternidad. Y muchos seguirían sus pasos, emulando su amor por Dios y su celo por el nombre de su Señor. Pasado el tiempo, David fue ungido nuevamente, pero esta vez como rey de los hebreos. La historia relata cómo amó al Señor y cuán gran grande fue su reino.

El Señor ha buscado un hombre que actúe como a él le agrada[6]

¿Qué hace que un hombre o una mujer actúe como le agrada a Dios; que sea perfecto, infalible en todo y que nunca peque o cometa errores? ¡Nada de eso! Lo que hace que un creyente, hombre o mujer actúe tal como le agrada a Dios es su dependencia y confianza en el Señor su creador. Que reconozca sus faltas y recurra siempre que sea necesario ante el Amado procurando su perdón. Que glorifique a Dios, ante cualquier logro, hazaña o milagro del cual sea protagonista y, ante los hombres. Que obedezca al Señor en todo, aunque lo que le pida no tenga sentido alguno para nuestro limitado entendimiento. Y que reconozca que la salvación no se logra por las buenas obras que pudiésemos cumplir, sino por «su gracia» y misericordia. Ya que fue el Señor y nadie más quien nos lavó, quitando nuestros pecados y nos dio un nuevo nacimiento y vida nueva por medio del Espíritu Santo (Tito 3.4-5).

La verdad es que David, cuyas acciones se exponen en la Biblia, no solo fue un «dulce cantor», sino que fue un hombre lleno de conflictos, contradicciones, incertidumbres y complicaciones. Quizá, como expresa Samuel Pagán en su libro, *El rey David: Una biografía no autorizada*, esas misma sean las razones por la cual este personaje es tan fascinante y atrayente.[7]

A pesar de que su figura genera respuestas firmes y decididas que no siempre están de acuerdo, David fue un ser imperfecto que aprendió a refugiarse bajo las alas de un Dios perfecto. Es el único llamado en toda la Biblia «un hombre que actúe como a Dios le agrada». La genealogía de su familia aparece en el libro de Rut y la repiten Mateo y Lucas, y por ella sabemos que David fue bisnieto de Booz por su mujer moabita Rut y que descendió de aquel Salmón, príncipe de la casa de Judá quien se casó con Rahab, «la ramera», en tiempos de Josué. Jesús de Nazaret,

---

6 1 Samuel 13.14, Reina-Valera Contemporánea.

7 Samuel Pagán, *El rey David: Una biografía no autorizada* (Barcelona: CLIE, 2013), 19.

el Mesías y Cristo, proviene de su dinastía y de esa forma se convierte en heredero de las promesas divinas.

En la Biblia hebrea se menciona su nombre en más de mil ocasiones. Sesenta y seis capítulos fueron dedicados a narrar su historia y eso no incluye unas cincuenta y nueve referencias a su vida en el Nuevo Testamento. Poeta, músico, compositor, escritor de salmos, magnífico guerrero, revolucionario y estadista de su nación. Su historia ha inspirado la creatividad de muchos en el campo artístico, en la literatura, en el arte de la pintura, en el cine, la música, la televisión, en el arte escultural y más. Definitivamente, David se distinguió como uno de los más grandes hombres de Dios.[8]

A primera vista, no parecía haber nada en él que hubiera podido impresionar a Dios. Sin embargo, para Dios, David contaba con las cualidades que él estaba buscando. Por eso, lo escogió y lo consagró como rey de Israel. ¡Así es Dios; así de simple! En sus propias palabras, el apóstol Pablo, en su Epístola a los Corintios lo expresa de la siguiente manera:

> Hermanos, consideren su propio llamamiento: No muchos de ustedes son sabios, según criterios meramente humanos; ni son muchos los poderosos ni muchos los de noble cuna. Pero Dios escogió lo insensato del mundo para avergonzar a los sabios, y escogió lo débil del mundo para avergonzar a los poderosos. También escogió Dios lo más bajo y despreciado, y lo que no es nada, para anular lo que es, a fin de que en su presencia nadie pueda jactarse.
>
> *1 Corintios 1.26-29*

Tanto la experiencia de Carlos el joven empresario de maquinaria pesada, como la de David el pastor de Belén, nos imparten un valioso mensaje que deberíamos considerar. Y es que cuando Dios escudriña la tierra buscando quiénes tienen la aptitud de líderes, no busca ángeles. De ninguna manera busca gente perfecta, ya que esta no existe. Está buscando a hombres y mujeres como tú y como yo, seres comunes de carne y hueso, dispuestos a hacer la voluntad de Dios sin importar

---

8 Charles R. Swindoll, *David: Un hombre de pasión y destino* (Texas: Casa Bautista de Publicaciones, 2007), 10.

los medios que se nos pida utilizar. En el proceso, tal vez muchas cosas no tengan sentido, pero tranquilos, Dios está en control. Al final, comprenderás que «con palos y piedras» se pueden derribar gigantes por más aterradores que sean.

Capítulo 6

Uno contra todos, todos contra uno

*En cierta ocasión, los filisteos formaron sus tropas
en un campo sembrado de lentejas.
El ejército de Israel huyó ante ellos,
pero Sama se plantó en medio del campo
y lo defendió, derrotando a los filisteos.*
2 Samuel 23.11-12

Bayless Conley es un compañero pastor al que admiro grandemente por sus fuertes convicciones y su sencillez cuando comunica las verdades bíblicas. Junto a su esposa Janet pastorea la iglesia «Cottonwood Church» en el Condado de Orange, California. Esta iglesia posee un hermoso edificio y una congregación multirracial extraordinaria. A primera vista, todo parece indicar que el camino que los llevó a donde se encuentran hoy fue sencillo y libre de obstáculos. Pero la realidad es que no fue tan fácil como aparenta.

Constantemente en sus sermones Bayless habla sobre los grandes obstáculos que por años tuvieron que enfrentar para construir el templo y desarrollar la iglesia en esa comunidad. Estaba seguro de que Dios lo había enviado a ese lugar a fundar una iglesia, pero la gente que vivía en los alrededores, y otros que tenían intereses económicos no pensaban igual.

Aunque Bayless y su equipo tenían todos los documentos y permisos requeridos para la compra del terreno, la construcción del templo, el estacionamiento y otras cosas, siempre aparecían obstáculos con la intención de hacerlos desistir del proyecto. La comunidad y las personas con intereses económicos para la zona preferían en su lugar un centro comercial. Las agencias gubernamentales se resistían tenazmente a otorgarles los permisos e instalarles los servicios esenciales de agua y luz eléctrica.

Algunas personas llamaron a la prensa e hicieron un frente común contra la iglesia y en especial contra su pastor, de quien publicaban una serie de mentiras y epítetos a diestra y siniestra. Bayless, representando a su congregación, tuvo que batallar campalmente en los tribunales por años contra todo el mundo y contra todos los pronósticos.

Incluso su abogado le dijo un día que en la historia del Estado nunca se había ganado un caso similar. En resumidas cuentas, la iglesia tenía dos opciones: o se rendía para no seguir perdiendo dinero, tiempo y librarse de las grandes preocupaciones que este doloroso proceso les causaba, o seguían creyendo y afirmando que el Dios que los había enviado a ese lugar no los abandonaría en esta batalla y que al final les daría la victoria.

Bayless y su congregación decidieron seguir luchando. Convocaron campañas de ayunos y oración junto con otras iglesias hermanas que se unieron para apoyarles. El resultado final fue «un milagro sorprendente». El Señor les dio una gran victoria. El tribunal falló a favor de la iglesia. Y contra todo pronóstico, se edificó un hermoso templo donde se congregan hoy en día cientos de personas, sin contar los miles que son impactados en todo el mundo por medio de los programas de televisión, radio, prensa, medios sociales, obras misioneras y más, que allí se producen.

Humanamente, no había posibilidad de vencer en esta batalla. Pero Dios recompensó la fe de su siervo y la de su pueblo. Y esto precisamente fue lo que le ocurrió al personaje del que les hablaré a continuación. Un hombre que contra todo pronóstico pudo vencer a su oponente que lo superaba inmensamente y que amenazaba con destruirlo.

Los héroes de David

Su nombre es Sama, el hijo de Age el ararita, que etimológicamente significa «hombre de las montañas». Este hombre fue conocido como uno de los tres primeros héroes de David. El nombre Sama viene del hebreo *Shammah* que significa «consternación, desolación, ruina», que no le hace justicia al Sama del que les hablaré en este capítulo, que es uno entre los cinco que se mencionan en la Biblia. Sin embargo, el significado de su nombre sí es signo de representación de las circunstancias que le rodearon y los abundantes ataques a los que tanto él como su pueblo tuvieron que enfrentarse.

Su historia, aunque breve, se encuentra en el segundo libro del profeta Samuel, posterior al último cántico de alabanza que se nos presenta como una expresión de las «últimas palabras de David», al estilo de Jacob (Génesis 49) y Moisés (Deuteronomio 33) y que es reconocida como la sección donde se describen las increíbles hazañas de los héroes o valientes guerreros del rey David. Y donde se vuelve a dar información acerca de las guerras con los filisteos (ver 2 Samuel 23.8-12).

Del relato se descubre que el rey David tenía un séquito de más de treinta hombres sumamente valientes que cuidaban su vida y defendían a toda costa los intereses del reino. Los «treinta» son un grupo selecto de guerreros. La mayor parte de ellos son oriundos del sur de Judá y representan indudablemente a algunos de aquellos hombres que se unieron a David en la cueva de Adulam, mientras huía del rey Saúl. A éstos se les reseña en el relato como «los afligidos, endeudados y en amargura de espíritu», que siendo también perseguidos por el imperio vieron en David una oportunidad de reivindicación. Interesantemente, los que antes eran marginados y perseguidos, ahora son exaltados y reconocidos como parte del grupo selecto del rey David. ¡Asombroso!

Dentro de estos guerreros escogidos hubo tres que, además de valientes, gozaban de un gran prestigio delante del rey y del pueblo. El primero de ellos se llamaba Joseb-basebet, que era el principal de los tres más famosos, y quien en una batalla mató con su lanza a ochocientos hombres. En segundo lugar, estaba Eleazar hijo de Dodo el ahohíta. Éste estuvo con David cuando desafiaron a los filisteos que se habían concentrado en Pasdamim para la batalla. Los israelitas se retiraron aterrorizados, pero Eleazar se mantuvo firme y derrotó a tantos filisteos que, por la fatiga y el largo tiempo sujetando su espada, la mano se le quedó pegada (posiblemente acalambrada) a la empuñadura sin poderla soltar. El tercer valiente era Sama, hijo de Age el ararita. Y su historia, al igual que la de los primeros dos es excepcional y digna de admirar. Ésta será la historia que deseo resaltar y que creo te impartirá una buena dosis de fe, valentía y entusiasmo para que enfrentes tus propias batallas y puedas vencer.

Sama el valiente

La historia de Sama es tan fascinante que muy bien pudiera servir para una película de Hollywood. Además, tiene una gran pertinencia para la iglesia de Jesucristo de hoy. Cuenta el historiador que en un lugar llamado Lehi se encontraban apertrechadas las tropas de los filisteos, en pleno desafío contra los israelitas. Lehi es el lugar donde Sansón, lleno del Espíritu del Señor y utilizando una quijada de asno como arma, mató a mil filisteos (Jueces 15.14-17). Pero ahora está siendo asediada nuevamente por estos incircuncisos, como les llamó David.

Históricamente, los filisteos fueron enemigos acérrimos de los israelitas y viceversa. Ambos ejércitos tuvieron intensas y sangrientas batallas que han quedado registradas en las Escrituras. Precisamente, fue en una de esas batallas contra los filisteos que el rey Saúl y su hijo Jonatán perdieron la vida. Y fue en otra de estas guerras contra ellos que David venció a un gigante de nombre Goliat. Ambos pueblos luchaban constantemente por adquirir la hegemonía de las tierras, las cosechas, los tesoros, el poder imperial y para demostrar cuál de sus deidades era la verdadera y tenía mayor poder.

Se da por hecho que el pueblo (Israel) fue vencido nuevamente e intimidado por los filisteos ya que se les presenta en nuestro relato corriendo a toda prisa, no para combatir y defender sus tierras, sino para salvar su propio pellejo. La intención de los filisteos es muy similar a las campañas de los madianitas en los tiempos de Gedeón. Su propósito es despojar a los israelitas de sus cosechas, llevar cautivas a las mujeres y eliminar a cualquiera que se les interpusiera en el camino.

El campo de lentejas

Se nos dice que donde se encontraban estas tropas filisteas había un campo sembrado de lentejas. Las lentejas, junto con las habas, eran dos clases de legumbres usadas en tiempos bíblicos. El profeta Ezequiel menciona ambas en un versículo (Ezequiel 4.9). Las lentejas se incluyeron en los artículos alimenticios que los amigos de David le trajeron cuando él iba huyendo de Jerusalén, por causa de la rebelión de Absalón (2 Samuel 17.28). Puestas en remojo y cocinadas, sus semillas conforman una nutritiva comida llamada potaje o guiso. El caso bíblico más notorio del uso de la lenteja fue, por supuesto, cuando Esaú le vendió su primogenitura a su hermano Jacob por un plato de lentejas con pan (Génesis 25.33-34).

Las legumbres que deseaban Daniel y sus compañeros para su comida cuando estaban presos eran probablemente verduras (Daniel 1.12). La palabra quería decir originalmente «algo que se siembra» lo que incluía semillas comestibles que se cocinan, tales como lentejas, habas, chícharos, etc. Era una dieta sencilla de verduras que ellos deseaban en vez del alimento rico y bien sazonado de la mesa del rey.[1]

Así que, como puedes ver, la defensa de este campo era vital para el sustento de las familias de la aldea y perderlo sería algo catastrófico. Por lo menos así lo vio Sama, ya que el pueblo había huido delante de los filisteos, como huye el venado del león. Sama tenía que tomar una decisión inmediata. O salía corriendo del lugar para salvar su vida y permitir que los filisteos arrasaran con el sembradío, les derribaran sus casas y les robaran sus animales y como consecuencia pasar hambre y humillación. O, se paraba en la brecha en medio del campo de lentejas, se ajustaba la correa de las sandalias y el cinto con el que sujetaba la espada, para enfrentarlos, aunque su osadía le costara la vida.

Uno contra todos, todos contra uno

Para sorpresa de todos, Sama escogió la segunda opción. Prefirió luchar hasta la muerte antes que cederle un centímetro más de su tierra y sustento a estos malvados filisteos. Él sabía que estaba en una desventaja descomunal y que su decisión carecía de sentido común. Pero también sabía que el Dios de los escuadrones de Israel no lo decepcionaría y que le daría una gran victoria, así como lo hizo con su amigo y jefe, David, cuando apenas siendo un muchacho enfrentó al temerario guerrero

---

[1] Fred H. Wight, *Usos y costumbres de las tierras bíblicas* (Grand Rapids: Portavoz, 2010), 52.

filisteo llamado Goliat y lo venció. ¡No es formidable la influencia positiva que las victorias de otros nos imparten!

La respuesta de Dios no se hizo esperar y le dio la fortaleza y la valentía necesaria para enfrentar él solo a una cuadrilla completa de hombres entrenados para la guerra. El resultado fue una contundente derrota. Pero no para nuestro querido amigo Sama, sino para los invasores, quienes, al ser dominados ampliamente por el indomable coraje de un hombre empoderado por el Espíritu de Dios, salieron a toda prisa del lugar para no volver nunca más. Ese es el coraje y el espíritu que todos nosotros debemos tener para enfrentar al enemigo de nuestras almas, Satanás, y vencerlo. «Resistid al diablo y de vosotros huirá» dijo Santiago el pastor de la iglesia en Jerusalén y hermano de nuestro Señor (Santiago 4.7). «Porque mayor es el que está en nosotros que el que está en el mundo» (1 Juan 4.4).

Cabe preguntarnos, ¿por qué un hombre podría estar dispuesto a morir por un pequeño campo de tan poco valor? Sama comprendió que sus convicciones eran más importantes que la vida y que, si cedía esa posición, el enemigo podía seguir acercándose y ganarles más terreno. Si él cedía, ¿qué vendría después? ¿Su casa? ¿Su familia? ¿Su ciudad? ¡De ningún modo! Así que, si el enemigo quiere guerra, guerra encontrará. Y sabrá «que, si viene contra ti por un camino, por siete caminos tendrá que huir, pues el Señor derrotará a tus enemigos que se levanten contra ti» (Deuteronomio 28.7).

Sama entendió que Dios y él son mayoría, que con sus fuerzas y estrategias, por mejor entrenado que esté para la guerra, no hubiese podido derrotar a un enemigo que lo superaba cien a uno. Bien lo dijo el apóstol Pablo: «las armas de nuestra milicia no son carnales, sino poderosas en Dios para destrucción de fortalezas» (1 Corintios 10.4). Y una vez más, con el relato de este valiente israelita, ha quedado demostrado que nosotros peleamos nuestras batallas, pero la victoria es del Señor.

¡No cedas!

Y tú mi querido hermano y hermana ¿Qué fortalezas estás enfrentando? ¿Sientes que un ejército te rodea y no sabes qué hacer? ¿Piensas que no tienes las fuerzas necesarias para pelear esta batalla? ¡No cedas!

Si cedes, luego tendrás que ceder más territorio. Cuando cedes un poco en tus convicciones… luego resultará más fácil ceder en cuestiones fundamentales de la vida. Y el enemigo no desperdiciará ninguna oportunidad para destruirte. Dios quiere bendecirte y la buena noticia es que la vida es más fuerte que la muerte. La gracia es más fuerte que el pecado. La luz es más fuerte que la oscuridad. Y Dios es más fuerte que el diablo.

El enemigo podría detener tu avance por un tiempo, pero no permanentemente. Dios ya lo ha vencido. «Y si Dios es por nosotros, ¿quién contra nosotros?» (Romanos 8.31). Así que lucha por tu campo de lentejas, párate firme contra el enemigo y en el nombre del Señor Jesucristo toma el escudo de la fe y la espada que es la Palabra y defiende lo que es tuyo y entrarás en tu destino: convertirte en uno de los valientes del ejército del Señor.

Capítulo 7

Cuervos amaestrados

Por la mañana y por la tarde
los cuervos le llevaban pan y carne,
y bebía agua del arroyo.
1 Reyes 17.6

Hace varios años atrás, mi esposa Norma, mis hijos Josué, Génesis y yo fuimos a vacacionar a la Florida. Habíamos planificado visitar los parques temáticos de Disney World, además de pasar un tiempo en familia tan necesario en las familias pastorales.

Después de habernos alojado en un precioso hotel, fuimos a cenar juntos; y mientras cenábamos, tomamos tiempo para discutir la agenda que habíamos preparado antes de salir a nuestra travesía. Para mi sorpresa, ya que desconocía que mi esposa y mis hijos habían tramado algo, decidieron agraciarme al decidir que el primer parque que visitaríamos en la mañana sería el que más me interesaba de todos, el *Animal Kingdom*. Ellos sabían que me encanta mucho la naturaleza y los animales, por lo que ese detalle fue un gesto muy hermoso de su parte. No te puedo negar que me emocioné como un niño por ello.

Dentro de todas las atracciones en las que estuvimos presentes ese día hubo una que me llamó la atención de una manera especial, me refiero al espectáculo con aves amaestradas.

Una cotorra que bailaba, hablaba y cantaba en inglés. Unas palomas que iban a donde el entrenador les señalara. Un halcón que agarraba objetos que los espectadores levantaban en sus manos y se los llevaba al entrenador. Y un inmenso cuervo… espera, ¡un cuervo!

¿Eso es un cuervo? Con rostro horrorizado, le pregunté a mi esposa, para que me confirmara lo que ya sabía, que si esa impresionante ave negra eran un cuervo. Si mi amor, eso es un cuervo, responde ella, sin quitar la vista del espectáculo. Me sentía como la primera vez que mi padre me llevó al aeropuerto a ver los aviones y al ver el primero grité impresionado: «¡mira papi que grande es ese avión!». Así reaccioné cuando vi a esa inmensa ave omnívora, denominada como de mal presagio y protagonista de varios mitos y leyendas por el poderoso y extenso color negro de su plumaje y sus características físicas que le dan esa apariencia malévola que muchos temen. Obedecía a su entrenador en todo lo que le pedía y era dócil como la gallina cuando se echa en su nidal a calentar sus polluelos aun por nacer.

Hollywood se había encargado de sembrar en mi mente la imagen de la crueldad y peligrosidad de estas aves. Y el actor y director de películas Mel Gibson acabó de catapultar esa imagen en el hipocampo del lóbulo izquierdo de mi cerebro, cuando en la película *La pasión de Cristo* presenta precisamente a un cuervo picándole los ojos a uno de los ladrones crucificados junto a Jesús.

Pero, sin embargo, allí estaban frente a mí, haciendo las acrobacias y pericias que jamás imaginé que pudiera alcanzar a ver. Ese día no pude dejar de pensar en aquel bendito cuervo. Me olvidé de todas las demás aves que nos sorprendieron y nos hicieron reír a carcajadas con sus acrobacias y su super inteligencia aviar. Me olvidé de todos los demás espectáculos a los que fuimos; del elefante, el león, las cebras, las jirafas, entre otros; pero no me podía quitar de mi mente a aquel cuervo amaestrado. Para colmo, aun antes de acostarme a dormir, seguía pensando en él.

Tal vez te estés preguntando por qué aquel cuervo llamó tanto mi atención y quiero decírtelo sin demora. Pensaba en él, no por el hecho de lo diestras que estas aves pudieran ser o por el talento de los entrenadores, sino porque mientras la observaba recordaba que la Biblia nos habla en uno de sus relatos de unos cuervos que también habían sido amaestrados. Aunque no por un entrenador de aves como los que vi en *Animal Kingdom* ni por los que trabajan en los circos o en los zoológicos, que son capaces de hacerlo, sino por Dios mismo. Y cuando veía a aquel cuervo, mi cuerpo estaba allí sentado junto a mi querida esposa y mis hijos, pero mi mente pensaba en los cuervos del relato bíblico. Y de esto, precisamente, es que deseo hablarte de aquí en adelante.

Una espléndida pareja

La historia comienza de esta manera. Después de la muerte del rey Salomón, la nación de Israel se dividió en dos: diez de las doce tribus se aglomeraron en el norte para formar lo que en adelante sería llamado el reino de Israel. Y las dos tribus del sur, la de Benjamín y la de Judá, pasaron a formar el llamado reino de Judá. Para efecto de nuestra historia, en el reino del norte gobernaba un rey llamado Acab (874-853 a. C.), hijo de Omri, que había dado mucho de qué hablar.

El relato dice que a este rey recién coronado le importó poco andar en los pecados de sus antecesores que eran sumamente corruptos, malvados e idólatras. Junto con esto, contrario a lo que establecía la ley mosaica respecto a los matrimonios con gente de otras religiones, e ignorando que fue esta una de las causas que condujeron a Salomón a la idolatría y posteriormente a que se dividiera en dos la nación; Acab decidió tomar por esposa a una impetuosa mujer llamada Jezabel hija de Et-baal rey de los sidonios, que eran adoradores de los dioses paganos Baal y de Asera, también conocida como Astarté. Baal era exaltado como el dios de la lluvia y de la fertilidad, el que controlaba las estaciones del año, las cosechas y las siembras. Y Asera era venerada como la diosa del amor y de la guerra. Esta unión abominable ante los ojos de Dios llevó de inmediato a Acab a rendirse no solo a los placeres y deleites de las seducciones de su nueva esposa, sino a adorar y a postrarse ante los dioses de ella: «… y acabó por adorar y rendir culto a Baal» (1 Reyes 16.31).

Aunque no podemos echarles la culpa a otros por nuestras propias acciones, no es menos cierto que esta mujer, de espíritu sincretista, tuvo una gran influencia sobre este rey de débil carácter y falto de convicciones, que lo llevaron a una corrupción espiritual peor que la de todos los reyes que reinaron antes que él.

Claro está, ante los ojos de las naciones paganas, cuando la joven y bella Jezabel salió de Tiro para convertirse en la consorte del rey de Israel recién coronado, sin duda alguna aquella se consideró como «una espléndida pareja», políticamente beneficiosa para ambos pueblos.

En ese tiempo, la ciudad de Tiro gozaba del prestigio de reina de los mares. Estaba en el cenit de su gloria; sus colonias salpicaban las costas del Mediterráneo hasta España y sus naves emblanquecían los mares con sus velas. Pero como muchas espléndidas parejas, la de Acab y Jezabel estuvo llena de desdicha y desastre.[1]

No hay duda de que cuando Jezabel salió del palacio que había sido su hogar fue urgida vehementemente por los sacerdotes bajo cuya influencia había sido educada a hacer cuanto le fuera posible para introducir en Israel los ritos de su religión hereditaria. Ella no fue remisa en obedecer, pues la historia presenta al detalle, que lo primero que hizo fue erigir un templo a Astarté en la vecindad de Jezreel y que sostuvo a sus 450 profetas de sus ingresos privados. Luego Acab y ella construyeron un templo a Baal en Samaria, capital del reino, de un tamaño tal que podía dar cabida a una inmensa multitud de adoradores (ver 2 Reyes 10.21).

Después comenzaron a levantarse altares y templos por todas partes del país en honor a estas falsas deidades, mientras los altares del Dios de Israel, como el del monte Carmelo, eran lastimosamente destruidos. La gente hacía enjambre en torno a los sacerdotes de Baal y en los bosques. Las escuelas de profetas fueron cerradas y la hierba creció en sus patios. Los profetas mismos fueron perseguidos y asesinados a espada: «...anduvieron de acá para allá cubiertos de pieles de ovejas y de cabras, pobres, angustiados, maltratados» (Hebreos 11.37).[2]

Tanto fue así que el piadoso Abdías tuvo gran dificultad para salvar a unos cien de ellos en las cuevas del monte Carmelo, alimentándolos a pan y agua arriesgando su propia vida (1 Reyes 18.4). Pero Dios nunca pierde. La tierra puede estar infestada por el pecado, las lámparas de los testigos parecerán apagadas, pero él estará preparando a un hombre o a una mujer en algún oscuro pueblo de las alturas y en el momento de mayor necesidad lo enviará como respuesta completamente suficiente contra las peores conspiraciones de sus enemigos.

Importantísimo es por demás el indicio en cuanto a la importancia de esta mujer en la historia de Israel, ya que en las crónicas previas del

---

[1] Frederick B. Meyer, *Elías: El portavoz del celo de Dios* (Barcelona: CLIE, 2004), 4.
[2] *Ibid.*

reino del norte nunca se dan los nombres de las mujeres de los reyes. ¿Por qué razón? ¿Por qué Dios hace que el escritor haga una pausa en este punto y se detenga para hablar del matrimonio de un monarca? ¿Por qué se empeña en decirnos el nombre y el linaje de la esposa de Acab? Creo que hay dos razones fundamentales.

En primer lugar, porque era la persona dominante en el matrimonio. Jezabel era quien, en realidad, gobernaba el reino. Era el poder detrás del trono. Ella gobernaba a su esposo, el monarca, y por consiguiente al pueblo de Israel.

En segundo lugar, porque fue ella quien promovió el culto a Baal. El culto a Baal no fue practicado por los israelitas hasta que fue introducido en Israel por Acab, gracias a su matrimonio. Pudiéramos decir que fue parte de la dote dada por Jezabel. Cuando Acab se casó con ella, también trajo su herencia religiosa: el culto idolátrico a Baal.[3]

Entonces, si el imperio, representado por esta pareja, promueve la adoración a estos dioses y construye templos e imágenes para que los adoren, ¿qué crees que harían sus súbditos? En poco tiempo, el pueblo, como perro faldero, cayó en los brazos de la seducción de la nueva tendencia idolátrica del momento. Y, todos a una, fueron cayendo como moscas en sus vergonzosos actos de adoración y sacrificios a estos falsos dioses.

Nace un profeta: Elías el tisbita

Como un padre que se le desgarra el corazón al ver como uno de sus hijos se corrompe y se sumerge en las fauces del pecado y de la muerte, Dios, quien había liberado con grandes prodigios y portentos a su pueblo esclavizado en Egipto, y a quienes había guiado hasta la tierra prometida con el deseo de bendecirles, ahora debía tomar acción para remediar la situación en la que se han corrompido infamemente.

La reacción de Dios no se hizo esperar y, como en otras ocasiones, Dios vuelve a escoger a uno de sus siervos los profetas para darle una importante encomienda. Envió a Samuel para que ungiese como futuro rey de Israel a David el hijo de Isaí. Y ahora llama a un profeta

---

3 Charles R. Swindoll, *Elías, un hombre de heroísmo y humildad* (Texas: Casa Bautista de Publicaciones, 2010), 12.

asceta llamado Elías (heb. *Mi Dios es Yahveh*) para que por medio de él proclame la sentencia contra el rey Acab por su pecado.

Antes de este suceso no se hace mención alguna del trabajo profético de Elías. Parece indicar que este es el inicio de un ministerio profético público de quien en adelante sería reconocido como uno de los más grandes profetas de la historia de Israel.

Este profeta se presenta tan abruptamente como Melquisedec, pues su nacimiento, sus padres y su llamamiento al oficio profético son todos igualmente desconocidos. Transcurre como un meteorito fulgurante a través del cielo oscuro de medianoche en la oscuridad espiritual de Israel. Y, con su llegada, volvió a empezar el proceso de revelación directa, suspendido desde los días de Josué. Su encomienda: confrontar a un rey que ha sustituido la adoración del Dios verdadero por dioses falsos y puesto en tela de juicio la existencia del Dios vivo.

El historiador lo nombra como «el tisbita», probablemente por ser natural de Tisbé, ciudad perteneciente a Galaad, localizada al este del Jordán. Se le puede ver llevando el manto de pelo de camello típico de los beduinos del desierto, heredado de la Antigüedad, ceñido por un cinturón de cuero (2 Reyes 1.8), desdeñando así la moda refinada procedente de Fenicia. De contextura fornida, su semblante tosco, bronceado por el sol desértico, y sus manos callosas típicas de los pastores de su tierra. Su voz gruesa, rústica e imponente, hacen de este hombre un profeta al que se le debía prestar puntual atención. Un profeta que no tiene tiempo que perder ni anda con rodeos.

La batalla de los dioses

> Vive Jehová Dios de Israel, en cuya presencia estoy, que no
> habrá lluvia ni rocío en estos años, sino por mi palabra.
>
> *1 Reyes 17.1*

Así que Elías camina hasta el palacio dando la impresión de ser un profeta lleno de fuerza y de confianza en sí mismo. Al parecer Elías tiene fácil acceso al rey, pues se le muestra de inmediato parado frente a éste como si se tratase de un amigo de antaño. Ya en el palacio, y luego de varios intentos infructuosos de persuasión, para que Acab se abstuviera de continuar con su sincretismo desmedido, el profeta, con tono firme, arriesgando su propia vida por presentarse tan desafiantemente ante el rey más poderoso de la región, habla como el enviado del Señor, Dios de Israel.

Una entrevista así demandaba una extraordinaria fuerza moral. ¿Qué posibilidad había de que él escapara con vida? Sin embargo, él fue y volvió ileso, con la armadura de una fortaleza que parecía invulnerable. ¿Cuál fue el secreto de esa fortaleza? Si se puede demostrar que se debió a alguna cosa inherente a Elías y peculiar a él, conociendo que era un hombre sujeto a pasiones como las nuestras (Santiago 5.17), entonces muy bien podemos retirarnos de las inaccesibles alturas que se burlan de nosotros. Pero si se puede demostrar, como yo pienso que se puede, que su vida espléndida no se debió a cualidades inherentes en él sino a fuentes de fortaleza que están al alcance del más humilde hijo o hija de Dios que lea estas líneas, entonces, cada palabra del relato es una inspiración.

«Vive Jehová Dios de Israel, en cuya presencia estoy». Elías estaba en la presencia de Acab, pero estaba consciente de la presencia de alguien más grande que un rey terrenal en ese lugar. En su mente había quedado impresa la convicción de que Dios lo había elegido siervo y mensajero suyo, y que en esa condición estaba delante de él. El significado de su nombre «Mi Dios es Yahveh» así lo afirma, y sus valientes palabras, acompañadas con sus acciones en favor de la justicia, son el resultado de esa íntima relación entre él y Dios.

Todos los demás sentían que el Dios de Israel estaba muerto, pero para Elías su Dios vivía y estaba presente junto a él en ese momento crucial en la historia de Israel. El Señor era la realidad suprema de la vida de Elías. Con esta fórmula introductoria, Elías apuntaba hacia el propósito de su presencia en el palacio del rey. Había sido enviado por el Altísimo a anunciarle al rey un castigo, que no solo lo afectaría a él y a Jezabel, sino también a su pueblo y los pueblos limítrofes.

La sentencia dada por el profeta fue sellada con un juramento «te juro que no habrá rocío ni lluvia en los próximos años, hasta que yo lo ordene», como un salvoconducto de que lo que acababa de enunciar se habría de cumplir sin demora e indefectiblemente.

Si observas atentamente, notarás que la disputa abanderada por Elías tiene que ver con cuál de estos dioses es rey, cuál es más poderoso, cuál es el verdadero, más allá de la sentencia misma. Al retener la lluvia, el Señor está demostrando el poder de su reino en la misma área de la naturaleza en la que se creía que Baal tenía jurisdicción. Anunciar esto de antemano a Acab es el medio por el que se manifiesta el dominio y el poder del verdadero Dios. Si Baal es el proveedor de la lluvia y Yahveh anuncia que él la retendrá, la contienda ha empezado.[4]

La palabra fue dada, por lo que Elías ya no tiene nada que hacer en el palacio. Había sido obediente a la ordenanza divina, ahora solo le resta esperar el cumplimiento de la profecía. Tres años y medio pasarán antes de que caiga una sola gota de lluvia en Israel.

Elías es alimentado por los cuervos

Al principio, el rey ha de haber despreciado la predicción considerándola como la palabra de un vanidoso; pero cuando vio que la lluvia se detuvo, que la sequía duraba y la escasez aumentaba, buscó a Elías por todos lados, mas no pudo hallarlo, pues tan pronto como el siervo de Dios entregó el mensaje que tenía que dar, «...vino a él la palabra de Jehová, diciendo: Apártate de aquí y vuélvete al oriente, y escóndete en el arroyo de Querit...» (1 Reyes 17.2). Dios lo escondió.

Con esta instrucción, Dios no estaba pretendiendo salvaguardar a Elías de la ira de Acab y Jezabel, sino, más bien para impedir que se le pidiera interceder por la abolición del juicio. El castigo había sido otorgado y el rey Acab tenía que aprender una lección por su insolencia. Las consecuencias de sus actos produjeron una gran hambruna. La tierra se convirtió en polvo. Y los causes de agua potable se secaron uno tras otro, trayendo consigo muerte y destrucción.

Esto nos enseña que cuando nosotros pecamos las consecuencias de nuestras acciones no solo nos afectan a nosotros mismos, sino también a los que nos rodean, especialmente a nuestros seres más cercanos.

Dónde exactamente se ocultó Elías, no lo sabemos. Pero en ese lugar en Querit, poco frecuentado, el profeta estaría a salvo bajo el cuidado de Dios. De momento, en obediencia al mandato divino, había de vivir en soledad en ese inhóspito lugar, probablemente entre los

---

4 J. H. Walton, et. all., *Comentario del contexto cultural de la Biblia: Antiguo Testamento* (Texas: Mundo Hispano, 2004), 416.

juncos del arroyo. Si la Providencia nos llama a la soledad y al retiro, nos toca obedecer; aunque nos parezca que no somos útiles, hemos de ser pacientes y servir a la gloria de Dios en el silencio cuando no podemos trabajar por él en público.[5] Los planes de Dios son perfectos. Y si él nos ordena realizar algo, aunque parezca incomprensible, nuestro deber es obedecerle, pues «como son más altos los cielos que la tierra, así son mis caminos más altos que vuestros caminos, y mis pensamientos más que vuestros pensamientos», dice el Señor (Isaías 55.9).

Elías sería cuidado por Dios. Durante la sequía tendría a su disposición un arroyo de agua limpia y potable para él solo y, para sorpresa nuestra, aquí aparece el relato de los cuervos del que les hablé. Justo, como aquellos entrenadores del *Animal Kingdom* que hacían revolotear a aquel cuervo amaestrado que llamó tanto mi atención, Dios había entrenado a un ejército de estas aves para que le llevaran pan y carne a su siervo Elías dos veces al día por más de un año. «Por la mañana y por la tarde los cuervos le llevaban pan y carne, y bebía agua del arroyo». (1 Reyes 17.6) ¡No es esto asombroso!

Cada día, sin falta, ahí estaba el cuervo picoteando a Elías para que se levantara a desayunar. Y en las tardes, posándosele en los hombros para parlotear y hacerle compañía, mientras cenaba su filete a medio cocer con su pedazo de pan acabadito de hornear. Ambos, profeta y cuervo, se fundieron en una misión divina y engrandecieron el nombre del Dios de Israel, que hace de los vientos sus mensajeros y de las llamas de fuego sus ministros (Salmo 104.4).

¡Qué extraño que él fuera enviado a un arroyo que, por supuesto, estaría sometido a la sequía como cualquier otro! ¡Qué contrario a la naturaleza suponer que los cuervos, que se alimentan de carroña, hallarían alimento como el que podría consumir el hombre o que, habiéndolo hallado, se lo llevarían regularmente mañana y tarde! ¡Qué improbable, también, que él pudiera permanecer oculto de la búsqueda de los esbirros de Jezabel en cualquier parte dentro de los límites de Israel! Pero el mandamiento de Dios fue claro e inequívoco. A Elías no le quedó otra alternativa que obedecer y por su obediencia fue exaltado por el Altísimo.[6]

---

5 Matthew Henry, *Comentario bíblico Matthew Henry* (Barcelona: CLIE, 1999), 383.
6 Frederick B. Meyer, *Elías: El portavoz del celo de Dios*, 9.

Elías pudo haber preferido muchos otros escondites y no Querit, pero ése era el único lugar al cual los cuervos le llevarían las provisiones; y mientras él estuviera allí, Dios estaría comprometido a proveerle. Nuestro pensamiento supremo debe ser: «¿Estoy dónde Dios quiere que esté?» «¿Estoy haciendo lo que él me pide?» Si es así, Dios obrará un milagro en ti y no tendrás que preocuparte por nada.

Los métodos de Dios son muchas veces sorprendentes; de hecho, a veces me han parecido hasta ilógicos. Son métodos que, en realidad, no tienen sentido para nuestra mente finita. Los hermanos de David se burlaron con solo pensar que él estaba dispuesto a enfrentarse a Goliat. ¿Y qué decir de Josué cuando marchaba alrededor de los muros de Jericó haciendo sonar esas trompetas? Estamos hablando de algo raro, amigos. Pero tranquilo, lo que Dios hace siempre tiene sentido, y al final del camino veremos su gloria.

Después del lapso de un año, el arroyo se secó y Elías fue enviado a la casa de una viuda en Sarepta, con otra encomienda que dejará boquiabiertos a los escépticos más grandes de la tierra. La sequía persistió por tres años y medio hasta el día en que Elías volvió a orar como lo había predicho. Los sacerdotes de Baal fueron ajusticiados. El culto y los altares de Yahveh fueron restituidos. …Y Elías el tisbita fue arrebatado al cielo en un carruaje de fuego. ¡Asombroso!

Capítulo 8

El cascarrabias

Naamán se enfureció y se fue, quejándose:
«¡Yo creí que el profeta saldría a recibirme personalmente
para invocar el nombre del Señor su Dios,
y que con un movimiento de la mano me sanaría de la lepra!»
2 Reyes 5.11

La historia de la que les hablaré en este capítulo tuvo lugar durante un periodo de calma en la lucha que hubo entre los reinos del norte y del sur de la tierra de Israel. Siria o Aram, como era llamada por los hebreos, fue una civilización que se desarrolló en el norte de Israel y que había comenzado a interesarse en aquella región. Cierto profeta no le resultaba muy simpático a nadie en esa zona. Eliseo, al igual que su mentor Elías, estaba en contrapunto con su sociedad. Eran muy pocos los reyes que obedecían al Señor y el único que lo hacía apenas toleraba la presencia de Eliseo. Podríamos decir, quizás, que Eliseo no tenía amigos entre los poderosos. Lo que sí tenía y que ellos temían, era su poder sobrenatural. En consecuencia, la mayoría de ellos no se metía con él.

El personaje principal en este capítulo y también en este episodio del ministerio de Eliseo es un hombre llamado Naamán. De todas las personas que tuvieron que ver con el ministerio de Eliseo, ninguna fue del calibre de Naamán. Considera su currículo:

Naamán era general del ejército de un país llamado Siria.
Era un hombre muy importante y el rey lo quería mucho

porque, por medio de él, Dios le había dado grandes victorias a Siria. Pero este valiente soldado tenía una enfermedad de la piel llamada lepra.

2 Reyes 5.1

La enfermedad de los campesinos

Naamán era un hombre notable. No era del reino del norte ni del reino del sur. Era el oficial de más alto rango del ejército de Siria y muy estimado por el rey sirio, Ben-hadad. Además, su valentía le había granjeado el respeto de todos los que le rodeaban y con toda seguridad tenía todos los recursos militares, económicos, políticos y sociales a su disposición para lo que deseara. Pero, a pesar de toda su riqueza, de todo su poder y de todo el respeto y el éxito que sus audaces logros y su excelente carácter le habían proporcionado, sufría la enfermedad de los campesinos, Naamán sufría de lepra.[1]

La lepra es una enfermedad infecciosa causada por la *Micobacterium leprae* (conocida como «Bacilo de Hansen»). Gracias al avance de la ciencia podemos conocer el origen de esta enfermedad, su forma de contagio, los síntomas que produce y el tratamiento para contrarrestarla. Pero en los tiempos del profeta Eliseo (850-800 a. C.) no se tenía conocimiento científico alguno para tratarla. Los síntomas característicos de la lepra eran: lesiones al inicio rojizas, luego se tornaban blancas y progresaban, se volvían permanentes en la piel, mucosas, nervios, ojos y extremidades.

Por lo general, las personas contagiadas con lepra estaban condenadas a morir de la forma más denigrante que se pueda imaginar. Aislados de la sociedad y de sus familiares y obligados a permanecer a una distancia considerable (aprox. 40-50 metros) para evitar contagios por contacto. Como si la enfermedad misma y la distancia obligatoria que se les requería no fuese suficiente, los leprosos eran considerados por los hebreos como personas castigadas y abandonadas por Dios por

---

[1] Charles R. Swindoll, *Historias fascinantes de vidas olvidadas* (Texas: Mundo Hispano, 2006), 229.

haber pecado. Si se observaba que las lesiones de la piel del enfermo desaparecían, el enfermo debía presentarse ente un sacerdote para que certifique su sanidad y ofrezca el debido sacrificio y ofrenda con el fin de que lo declare sano y pueda reincorporarse a la sociedad.

Así que ya puedes imaginarte la ansiedad, el dolor y la preocupación que debió haber sentido Naamán cuando vio la primera mancha en su piel y su médico lo certificara como una persona leprosa. No se sabe cómo ni dónde pudo haberse contagiado Naamán, pero lo cierto es que este general sirio descrito como valeroso en extremo, había sido sentenciado y no había esperanzas para él. Ni aun sus dioses, a los que con toda probabilidad debió haber consultado, tenían el poder de sanarlo. Solo le quedaba resignarse, sentarse en una silla mecedora y esperar la indeseable visita de la muerte.

Ver la salida del túnel

En aquellos días era común ver a cuadrillas de mercenarios sirios que merodeaban entre las fronteras de Siria e Israel, incursionando para robar y raptar a algunas de las mujeres, en especial las más jóvenes. Dice el historiador que una de esas cuadrillas armadas había secuestrado a una joven doncella israelita de la cual desconocemos su nombre, pero que por sus palabras sabemos que servía al Dios de Elías y Eliseo.

Esta doncella judía había sido forzada a ser una de las sirvientas de la esposa de Naamán. Al enterarse de la noticia de que el esposo de su señora se había enfermado de lepra, la joven se acercó a su ama para darle un anuncio y una encomienda que de ser oída cambiaría la historia de esta familia de una vez y para siempre. La muchacha le sugirió: «Si mi señor (Naamán) acudiera al profeta que está en Samaria, él lo sanaría de su lepra», en clara referencia al profeta Eliseo.

Entendiendo su ama que las palabras de esta joven sirvienta debían ser escuchadas y consideradas por su esposo, salió de inmediato de la habitación para encontrarse con Naamán y darle la esperanzadora noticia. A Naamán le agradó la noticia y creyó en el consejo de la joven judía. Esta muchacha ilustra cómo una persona sin importancia a los ojos del mundo, pero estando en un lugar clave y siendo leal a Dios, puede influir en la historia de la salvación.

Naamán había agotado todos sus recursos buscando una solución para su problema, la noticia que acababa de recibir le permitió «ver la salida del túnel». Así que, como todo un general, que conoce la cadena de mando no solo en el ejército sino también en su reino, Naamán se dirigió a sus superiores para solicitar el consejo y la autorización del rey de Siria, con el fin de visitar a un profeta del cual nunca había oído hablar, pero que se le había dicho que tenía el poder para sanarlo de su lepra. ¿Qué harías tú? ¿Qué haría yo, si descubriéramos que tenemos una enfermedad incurable y nos enterásemos de que en un monte de un país cercano al nuestro vive un profeta que tiene el poder para orar a su Dios y sanarnos de esa enfermedad? ¿Todavía lo estás pensando? Pues sigamos, para que veas qué fue lo que hizo el personaje principal de esta historia.

Cuando el rey de Siria escuchó lo que su apreciado general le dijo, no tardó en responder y otorgarle el consentimiento para que realizara el viaje propuesto. Sin embargo, parece que el rey de Siria, como hacen todos los políticos, o se estaba cuidando de no ofender a Joram rey de Israel enviando a un alto funcionario suyo sin haberlo notificado con anticipación o pensó que no solo Eliseo, sino también todos los profetas, adivinos y sabios de la nación, eran súbditos del rey y, por ende, debían actuar solo con el permiso del monarca.

Así que, Naamán sale esplendorosamente, montado en su carruaje, acompañado por su séquito de sirvientes y soldados personales, llevando consigo diversos obsequios: el equivalente a veinte mil dólares en monedas de plata, sesenta mil dólares en monedas de oro y diez mudas de ropa de alta calidad. También llevó en su mano una carta de presentación con el sello imperial, con un mensaje que solo era conocido por el rey de Siria y que había sido dirigida a Joram rey de Israel.

Cuando Naamán llegó a donde se encontraba el rey de Israel, luego del saludo protocolar y su debida presentación, le hizo entrega de la diplomática carta. Esta decía lo siguiente: «Su majestad, rey Joram, paz y prosperidad le sean dadas tanto a usted como a su reino. Ante usted se presenta el general de mi ejército, Naamán. Mis médicos le han diagnosticado una enfermedad altamente contagiosa llamada lepra. Le ruego que lo sane de su lepra y me lo devuelva a la mayor brevedad posible. Quedo de usted. Cordialmente, Ben-hadad rey de Siria».

Al parecer, la carta no mencionaba a Eliseo y pedía que Naamán fuera sanado. Por lo que, ya comprenderás la reacción del rey. El rey de Israel se enfureció y rasgó sus vestiduras en señal de indignación, y dijo ante todos los presentes: «¿Y acaso soy Dios, capaz de dar vida o muerte, para que ese tipo me pida sanar a un leproso? ¡Fíjense bien que me está buscando pleito!» (2 Reyes 5.7, NVI).

¿Tenía razón el rey de Israel de molestarse como lo hizo? Hay cuatro razones para creer que sí. La primera, el rey tenía poder político, militar, económico y todo el peso del puesto que ocupaba, pero no tenía poder alguno contra las enfermedades y mucho menos si estas eran incurables, como la lepra en aquel tiempo. Segundo, Joram sospechó que el rey de Siria estaba buscando una excusa para invadir a su pueblo y le había hecho una encrucijada al hacerle una petición tan irrazonable como esta. Tercero, se desprende de este hecho que el rey no conocía en absoluto el poder sanador del Dios de Eliseo. Y cuarto, el rey tenía en poca estima a los profetas del Señor. Conocía a Eliseo, pero por su reacción queda demostrado que no tenía intención alguna de llamarlo a la casa real para que sanara a Naamán.

Entre políticos y profetas

¡Oh, cuánta gente conoce que Dios tiene poder para sanarles y, aun así, persisten en vivir sufriendo, con sus corazones endurecidos, apartados del Señor y amparados en su propio criterio! Al enterarse el profeta Eliseo de que el rey se había rasgado la ropa por aquella carta, le mandó a decir: «¿Por qué te has rasgado la ropa? Que venga ese hombre a verme, y sabrá que hay un profeta en Israel» (v. 8, DHH).

Ahora sí, los ojos tienen que fijarse en alguien que no posee los títulos ni la importancia social y política del resto de los actores, pero sí posee el carácter de mediador entre Dios y el pueblo. Entra en escena Eliseo, quien poco a poco se va encumbrando, mientras los encumbrados van perdiendo altura.[2]

Como hemos mencionado, el rey no estaba al tanto del poder del ministerio de Eliseo. Pero el profeta sí estaba al tanto de lo que ocurría en el palacio. No se nos dice cómo ni por qué medio se enteró

---

2 Luis Alonso Schökel, *Biblia de estudio del Peregrino* (Bilbao: Mensajero, 2009), 621.

Eliseo del asunto, pero el narrador señala que tan pronto como Eliseo se enteró de lo que estaba sucediendo, le dio una gentil reprimenda al rey de Israel. «Esta es una crisis para ti, porque no tienes relación con el Dios que puede sanar leprosos. Pero es una crisis innecesaria, porque podrías tener una relación con este Dios si te lo propusieras».

Sin perder tiempo, Eliseo mandó a buscar al leproso, con una afirmación contundente, de que tras el milagro de la sanidad de este hombre tanto en Israel como en Siria sabrán que los profetas del Dios de Israel existen y que tiene el poder para sanar leprosos y hasta para resucitar muertos (ver 2 Reyes 4.32-36). Naamán nunca se hubiese enterado de que había un profeta en Israel si se quedaba en el palacio real. El verdadero profeta de Israel no era bienvenido en el palacio. Así que lo que parecía no tener sentido para el rey de Israel será usado por Dios para glorificar su nombre en estas dos naciones al mismo tiempo.

> Y vino Naamán con sus caballos y con su carro, y se paró a las puertas de la casa de Eliseo. Entonces Eliseo le envió un mensajero, diciendo: Ve y lávate siete veces en el Jordán, y tu carne se te restaurará, y serás limpio.
>
> *2 Reyes 5.9-10*

¡Uh, golpe bajo! Naamán no se esperaba esto. El general de cinco estrellas sirio ya se había imaginado de antemano la forma en que el ritual debía hacerse. Creyó que por ser una persona condecorada y prestigiosa recibiría los honores que se le brindan a tales personas. Supuso que cuando él llegara con toda su pomposidad y se parara frente a la casa del profeta Eliseo, éste saldría a recibirle y estando en pie invocaría el nombre del Señor su Dios, alzaría la mano, tocaría el lugar y se sanaría la lepra de inmediato. ¡Qué gran imaginación tiene este sirio! Y que gran diferencia hay entre éste y el centurión romano que intercedió por su siervo enfermo (Lucas 7.1-10; Mateo 8.5-13). Uno depuso su título y se humilló al punto de decirle al Señor que no era digno de que entrase a su casa, pero que diga la palabra y su siervo sanaría. Y el otro, por el contrario, se le subió el título a la cabeza y exigió reverencia y atenciones especiales, no para que Dios sanase a uno de sus siervos o a un familiar, sino a sí mismo. La pregunta que debemos hacernos es la siguiente: ¿A cuál de estos dos hombres nos parecemos más? Y, ¿cuál debe ser nuestra actitud cuando nos presentamos ante el Señor para rogarle alguna petición?

Eliseo, en cambio, no salió a recibirlo. Al no salir de su casa y presentarse como se esperaba, no estaba siendo descortés ni le faltaba el respeto al hombre que él mismo había mandado a buscar. El profeta sabía que Dios iba a sanar a Naamán y sin ningún problema pudo haber hecho un ritual similar al que se imaginó el general sirio. Pero este hombre necesitaba más que una sanidad exterior. Naamán necesitaba ser sanado de su orgullo y autosuficiencia, condiciones internas que no se ven, pero que son más mortales que la propia lepra.

El río de Dios

«Ve y zambúllete siete veces en el río Jordán; así tu piel sanará, y quedarás limpio». Pero ¡que desfachatez es esta!, diría Naamán al escuchar al siervo del profeta en lugar del profeta mismo dándole las instrucciones a seguir. Como si fuera poco, al enviarlo a lavarse siete veces en el río Jordán supuso una humillación adicional para Naamán, quien compara la limpieza de Abana y Fares, ríos de Damasco que eran más limpios que este. La exasperación de Naamán ante la suciedad del Jordán se debió quizás en parte a una correcta comparación de los ríos. Pero la verdadera cuestión era su falta de disposición para humillarse como correspondía y seguir el camino de Dios para sanarse.

«Si me lavare en ellos, ¿no seré también limpio?» seguía refunfuñando Naamán mientras se montaba en su carruaje con un coraje no muy pequeño, con la intención de regresar a su tierra en Siria. Mientras esto ocurría, y todos los que le acompañaban sentían vergüenza ajena por el espectáculo que acababa de armar Naamán, Eliseo permaneció en silencio y calmado, posiblemente sentado en el comedor de su casa comiéndose una ensalada de frutas y mirando el paisaje por la ventana. Ya él había dicho lo que el Señor le había indicado, ahora la bola estaba en la cancha de Naamán. Queda de él obedecer o no la orden dada por Dios si quería ser sanado.

Esto me recuerda a un joven en silla de ruedas que en una ocasión visitó la iglesia. Luego de predicar la Palabra, hice el llamado para que los enfermos pasasen al frente y poder orar por ellos. El joven de la silla de ruedas fue uno de los que pasó al frente ese día, y cuando me le acerqué, sentí la necesidad de preguntarle cuál era su petición, antes de hacer la oración. Para mi sorpresa, el joven me indicó que no pasó al frente para que se orara por él para ser sanado. Solo quería que oráramos por su madre que se encontraba enferma, y ella era la única persona con la que él contaba para su cuidado. Su respuesta me desgarró el corazón y todavía, muchos años después, sigo recordando esas palabras.

Ese mismo día pasó un caballero con semblante tosco y brazos anchos, se veía muy fuerte y seguro de sí mismo. Le pregunté que cuál era su petición y la enfermedad por la quería que orásemos. Con voz discreta, como quien guarda un secreto, el hombre me respondió: «Pastor, ore para que el Señor me dé salud para trabajar, pero no ore para que me sane por completo, porque si me sana me van a quitar el seguro social». Mi oración por este hombre fue la siguiente: !Señor Jesús, permite que este hombre te conozca y viva para ti. Perdona sus pecados y líbralo del infierno!

Esta doble experiencia me enseñó que no todas las personas quieren ser sanadas. Que en su escala de valores hay cosas que son más importantes para ellos. Y ese precisamente es el caso de Naamán. En la escala de valores de este hombre, las nociones sobre la vida y la muerte que tenía en su mente eran más importantes que su sanidad. Por eso sale airado, como todo un cascarrabias, escogiendo la muerte antes que la vida, la enfermedad antes que la sanidad que Dios le ha ofrecido.

> Mas sus criados se le acercaron y le hablaron diciendo:
> Padre mío, si el profeta te mandara alguna gran cosa, ¿no
> la harías? ¿Cuánto más, diciéndote: Lávate, y serás limpio?
> Él entonces descendió, y se zambulló siete veces en el
> Jordán, conforme a la palabra del varón de Dios; y su carne
> se volvió como la carne de un niño, y quedó limpio.
> *2 Reyes 5.13-14*

Nuevamente vemos en escena a unos sirvientes que ofrecen consejo en lugar de ser ellos los que reciben consejo. Primero, la joven judía sierva de la esposa de Naamán y ahora los siervos de éste. Esto nos enseña que Dios no hace acepción de personas y, si tiene que utilizar aun a las piedras para que conozcamos sus verdades y caminemos en ellas, no dudará en hacerlo. ¡Así de grande es nuestro Dios y así de simple!

Al reflexionar sobre lo que sus siervos le acababan de decir, Naamán decidió hacer lo que debió haber hecho desde el principio: ser humilde y obediente ante el Señor y cumplir con su destino. Pero, «no se le puede pedir peras al olmo»; Naamán todavía no había experimentado el poder sanador y liberador del Todopoderoso ni conocido aun su nombre.

¡Así que, dónde está el charco que me voy de cabeza! Eliseo le había dicho que se lavara siete veces, pero el historiador señala que Naamán hizo algo más que lavarse, él se zambulló siete veces. ¡Que interesante es la vida y qué paradójica es a veces! Primero no quería tocar ni con la punta de su dedo el agua del Jordán porque estaba sucia y ahora se tira con todo y ropa. ¿O fue el coraje el que lo impulso a hacer esto o fue el Espíritu de Dios que estaba comenzando a transformar su actitud? ¡Me parece que fue el Espíritu de Dios!

Una vez Naamán se dispuso a obedecer las instrucciones dadas por el profeta, el Señor comenzó a desatar las ligaduras de impiedad que estaban atando su corazón. ¡Que maravilloso es ver correr a un pecador a los pies del Salvador! Naamán no se imaginaba lo que estaba a punto de experimentar. Desconocía por completo que ese río era ahora *el río de Dios* y el lugar donde recibiría no solo una sanidad corpórea, sino una sanidad integral que haría de él un hombre nuevo.

Siete cosas que obstaculizaban la sanidad total de Naamán

Así que, ahí está nuestro personaje, parado frente al río Jordán, listo para la más grande aventura de su vida. Es interesante que Dios le ordenara lavarse siete veces, cuando pudo sanarlo desde la primera vez. Me parece que, dentro de sus planes, Dios estaba interesado en eliminar toda la escoria que hubiese en Naamán antes de sanarlo por completo. Y para ello, elige el «siete», considerado como el número de Dios y símbolo de perfección, para realizar la sanidad total de este hombre.

Por eso creo que con la primera zambullida se fue «el orgullo». Cuando Naamán se presentó ante Eliseo le faltó humildad. Naamán pensaba que se merecía un trato preferencial. Y ese orgullo por poco lo lleva a la muerte, al querer regresar a Siria con su lepra a cuestas. Con la segunda zambullida, desapareció «la prepotencia». Naamán era un hombre condecorado y parte de una de las mayores potencias de la época. Como general de los escuadrones sirios pensaba en la superioridad de su raza sobre las demás, en especial sobre la de los israelitas a quienes habían derrotado y sometido anteriormente. Si a esto le añadimos la pomposidad con la que ingresa a los lugares que visita, no hay duda que nuestro amigo debía ser liberado de su prepotencia.

Con la tercera zambullida se esfumó «la ira». Naamán demostró ser un hombre temperamental, que se alteraba con facilidad cuando las cosas no ocurrían como él quería. Por eso se le ve malhumorado, como todo un cascarrabias, murmurando en contra de los métodos de Dios que Eliseo había indicado. Cuando se zambulló la cuarta vez se evaporó «la vanidad». La vanidad es cuando el orgullo de una persona la hace creer que sus propios méritos son los más superiores de todos. Naamán se jactó de que los ríos de Siria eran mejores que el Jordán. Consideraba que lavarse con esas aguas sería más beneficioso para él. Se le olvidó que el que necesitaba ser sanado era él y que los métodos que debía utilizar eran los de Dios y no los suyos, como se proponía (v. 12) Por eso precisamente es que tuvo que recurrir al profeta, porque sus métodos no le sirvieron para nada.

Con la quinta zambullida «la exclusión» dejó de existir. Naamán debía entender que el Dios de Israel no era como el dios Rimón que adoraban los sirios. Rimón era un dios nacional, Yahveh era un Dios universal. Un Dios que no excluye personas y que está dispuesto a bendecir a otras naciones además de Israel, si estas le reconocen: «Dichosa la nación cuyo Dios es el Señor» (Salmo 33.12). Y, sanar incluso a los extranjeros como lo es él. La sexta zambullida hizo pedazos «la idolatría» de Naamán. Las naciones paganas adoraban a muchos dioses, representantes de la naturaleza, las riquezas y la fertilidad, entre otros. Naamán era parte de esa cultura idólatra, por lo que esos dioses debían ser eliminados de su corazón, y su fe debía ser dirigida al único y verdadero Dios.

Con la última y séptima zambullida se moriría de hambre «la incredulidad». Naamán no había conocido al Dios de Eliseo. Ni tampoco había escuchado ni experimentado su poder sanador. Por esta razón, no podía creer en un Dios que no conoce a menos que experimentará su poder. Así que, esta séptima zambullida sería vital para completar el ciclo de transformación que necesitaba y así lo hizo nuestro amigo.

Naamán obedeció y al hacerlo no solo superó a estos siete enemigos que obstaculizaban su relación con el Dios verdadero, sino que también recibió la sanidad de su lepra: «Y su carne se volvió como la carne de un niño, y quedó limpio» (v. 14). Podemos decir, sin temor a equivocarnos, que cada una de las siete zambullidas en el Jordán fue un paso de fe y purificación para Naamán, por haber confiado en la palabra de Dios por medio de su profeta. Ahora, para Naamán era evidente que la sanidad vino del Señor y no de algún otro como él había anticipado.

¡Que alegría la que debió haber sentido Naamán cuando vio su piel totalmente sanada! Pero la alegría se puede convertir en ingratitud si no se reconoce la fuente de esta. Por ello sale corriendo a la casa del profeta Eliseo para expresarle su gratitud y para mostrarle el milagro de su sanidad. ¡Esta sí que fue una buena muestra de gratitud! Su acción es similar a la de aquel leproso que junto con nueve más fueron sanados por Jesús, pero que fue el único que regresó a agradecerle (Lucas 17.12-19).

El evangelio de la gracia

También se observa que algo más había sucedido en él cuando leemos: «He aquí ahora conozco que no hay Dios en toda la tierra, sino en Israel» (v. 15). No fue solamente la sanidad lo que convenció a Naamán de esto. Fue la sanidad en relación con la palabra del profeta. Juntas fueron evidencia convincente para Naamán de que el Dios a quien Eliseo representaba era el verdadero Dios en toda la tierra.

En la historia de Naamán vemos una ilustración clásica que nos muestra «el evangelio de la gracia». De cómo la gracia de Dios se extiende para tocar los aspectos más íntimos de la necesidad humana, sin importar raza, sexo, color de piel o condición social. Naamán era «enemigo» de Dios por ser el capitán del ejército sirio y por ser adorador de otros dioses. Sin embargo, al humillarse y obedecer la palabra de Dios fue sanado de su lepra, enfermedad que se consideraba incurable para aquella época y se convirtió en amigo de Dios. También recibió la salvación. Se sumergió y salió de las aguas convertido en un nuevo hombre con piel nueva y nuevo corazón.

Ya no se le puede ver como Naamán el cascarrabias, sino como Naamán el siervo de Dios. La presencia de Dios en su vida le ha dado una nueva identidad. En su experiencia, el apóstol Pablo lo expresó de esta manera: «Con Cristo estoy juntamente crucificado, y ya no vivo yo, mas vive Cristo en mí; y lo que ahora vivo en la carne, lo vivo en la fe del Hijo de Dios, el cual me amó y se entregó a sí mismo por mí» (Gálatas 2.20).

Naamán se despide del profeta Eliseo con una nueva visión y una misión evangelizadora. Su encomienda empezará por casa. Por eso, ansiosamente desea que llegue el momento de llegar a su hogar, abrazar a su esposa, agradecerle a la joven sierva por su sabio consejo y contarles cuán grandes cosas ha hecho el Señor con él. Por lo menos, eso es lo que yo haría y espero que tú anheles lo mismo, querido lector. ¡Amén!

Capítulo 9

El catador de vinos

Les dije, pues: Vosotros veis el mal en que estamos,
que Jerusalén esta desierta, y sus puertas consumidas por el fuego;
venid, y edifiquemos el muro de Jerusalén,
y no estemos más en oprobio.
Nehemías 2.17

Ese día Nelson sabía que algo malo iba a suceder. Pero, aun así, sus tres amigos lo persuadieron para continuar con su perverso plan de asaltar un banco a plena luz del día. La vida de Nelson no había sido fácil desde el día en que decidió abandonar sus estudios en la secundaria y la iglesia a la que sus padres lo habían llevado desde su niñez. Drogas, armas, dinero, mujeres, carros lujosos, ropa de marca y prendas de oro tenía en abundancia, pero quería más.

Así que, aceitaron sus armas, planificaron el atraco y las medidas de escape para, según ellos, disfrutar su fortuna en algún lugar paradisiaco del planeta. ¡Pero algo salió mal! Ese día, la policía había cobrado su salario quincenal y el banco que habría de ser atracado estaba abarrotado de policías haciendo fila para cambiar su cheque. A pesar de los riesgos, Nelson y sus amigos decidieron continuar con el susodicho plan.

El chofer se quedó dentro del auto con el motor encendido en un lugar estratégico para partir de inmediato una vez culminaran la fechoría. Mientras, Nelson y los otros dos salieron a toda prisa con chalecos antibalas, enmascarados y con sus rifles AR-15 en mano. «Esto es un asalto todos al suelo» vociferó Nelson.

Al principio todo transcurría según lo planeado, pero no pasó mucho tiempo antes de que todo se les fuera de las manos. Nelson y sus amigos se enfrascaron a tiros con la policía, siendo herido de muerte uno de ellos y también un oficial de la policía. Para poder salir del lugar, Nelson y su otro amigo tomaron una funda con un poco de dinero y a dos mujeres como rehenes para llegar hasta el vehículo que los esperaba y las liberaron una vez arrancaron entre disparos de uno y otro lado. Se despachó de inmediato a los efectivos de la ley, tanto estatales como federales. Así que las patrullas y dos helicópteros procedieron a toda prisa a la persecución de los delincuentes.

Finalmente, luego de 45 minutos de persecución, tanto el chofer como el otro compañero de Nelson fueron alcanzados por las balas. El coche se detuvo y Nelson salió huyendo hacia un lugar baldío y boscoso, pero fue detenido minutos después. Una vez reducido, un policía le dijo al otro: «mátalo como él hizo con nuestro compañero». Pero el otro le respondió: «no, mejor que se pudra en la cárcel con la cadena perpetua que le espera».

De esta forma, Nelson terminó en una prisión federal de máxima seguridad, condenado a vivir tras los barrotes el resto de su vida. Sin embargo, algo sorprendente ocurrió en aquella prisión. Cuando ya alcanzaba su décimo año en prisión, un capellán de la institución penal visitó a Nelson en su celda y le habló de Jesús. En ese momento, rememorando aquellos días cuando junto a sus padres visitaba la iglesia y adoraban al Señor con alegría, Nelson con lágrimas en sus ojos, arrepentido de sus pecados, decide entregarle su vida a Cristo. Desde ese día, Nelson comenzó a hacer las cosas correctamente. También, puso mucho interés en estudiar las Escrituras y con el tiempo llegó a ser uno de los predicadores dentro de la prisión.

Un par de años después de su conversión, Nelson recibió una noticia increíble e inesperada. Su caso fue revisado y el juez, al ver el informe que hablaba sobre el cambio producido en Nelson, ordenó su excarcelación. Para muchos, esta acción del tribunal fue injusta e inconcebible y no podemos juzgar a quienes piensan de esta manera, pues lo que Nelson y sus amigos hicieron ciertamente fue terrible. Sin embargo, contrario a lo que hubiésemos podido imaginar, Dios tenía otros planes para con él, así como hizo con el apóstol Pablo.

Hoy, Nelson es un evangelista internacional muy respetado, quien por medio de su ministerio ha alcanzado a cientos de personas para Cristo, muchos de los cuales vivieron en el bajo mundo de donde él fue rescatado. Sorprendentemente y contrario a lo establecido por la ley, a Nelson se le concedió el permiso para entrar a las cárceles a predicarles a los presos. Y desde esta plataforma, decenas de ellos han recibido a Jesús como su Salvador personal. A manera de testimonio, algunos de esos presos nacidos de nuevo, sirven hoy como pastores en distintas iglesias de Latinoamérica.

Recientemente, Nelson fue reconocido por el Congreso de los Estados Unidos como un ciudadano ejemplar, por sus servicios comunitarios y por ser un gran ejemplo de superación.

Frente a esto, cabe preguntarnos: ¿por qué Dios escoge a personas como Nelson para saturarlos con su indeleble presencia? O ¿qué capacidades o destrezas debe tener una persona para que se le delegue una tarea importante en el reino de Dios? Si quieres conocer la respuesta sobre estas y otras preguntas similares, sigue leyendo y descubrirás que lo que Dios hace siempre tiene sentido y que su voluntad la entendamos o no es y seguirá siendo agradable y perfecta (Romanos 12.2).

El hombre menos indicado

En una ocasión, mientras sufría en carne propia los efectos de la segregación racial, Martin Luther King dijo lo siguiente: «no me estremece la maldad de los malos, sino la indiferencia de los buenos». No he encontrado palabras más precisas que estas para hablarte de uno de los hombres menos indicados para realizar una inmensa tarea en nombre de Dios y a favor de su pueblo, pero que, a su vez, sería más capaz que ningún otro. Un hombre que, ante el silencio de los suyos y la opresión de los malos levantó su voz y logró alcanzar lo que parecía imposible porque Dios estaba con él.

El pueblo de Israel, específicamente los de la tribu de Judá, habían sido llevados cautivos por los babilonios por causa de haberle dado la espalda a Dios. Cuando los caldeos cumplieron su objetivo, dejaron la ciudad totalmente destruida, así como los muros que la rodeaban. Posteriormente, los babilonios fueron conquistados por los persas, quienes a su vez se llevaron consigo a muchos de estos judíos nacidos en el cautiverio, que duró aproximadamente 70 años. Dentro de este grupo se distingue nuestro personaje principal. Un joven que marcó la historia de Israel con una hazaña sin precedentes. Gesta que ha sido registrada en el libro que lleva su nombre y que ha inspirado a miles. Me refiero a Nehemías, nombre que se deriva del hebreo y que significa «Yahveh ha consolado».

Este capítulo se basa en Nehemías, un personaje que vivió alrededor del año 450 a. C. Su hazaña ha marcado los estándares para el liderazgo tanto para los judíos como para la cristiandad en toda su historia. De él aprendemos que cuando en una familia, empresa o nación hay problemas, nada sucede hasta que alguien asuma el liderazgo y diga: «Vamos a hacer algo al respecto».

A oídos suyos había llegado la noticia de las paupérrimas condiciones en las que se encontraba su nación y la inseguridad de los que aún vivían allí, dado que los muros que protegían la ciudad también habían sido destruidos y sus puertas quemadas. Al escuchar este informe, Nehemías sintió vergüenza e indignación. Vergüenza porque se trataba nada más y nada menos que de su tierra e indignación porque no entendía cómo su pueblo podía seguir viviendo sin interés ni intención alguna de remediar este asunto. Así que, como acabamos de señalar, fue Nehemías el primero que dijo: «Vamos a hacer algo al respecto» y comenzó a prepararse para corregirlo.

Cabe preguntarnos, ¿por qué Nehemías creía que él era el elegido para volver a Jerusalén a reconstruir el muro de la ciudad? No era un tipo de persona que sabía de construcción; más bien era el copero (heb. *mashqeh*, «quien da de beber») del rey Artajerjes. Permíteme darte algunos detalles sobre lo que implicaba ser copero del rey.

Un copero es un funcionario u oficial de la corte real que contaba con toda la confianza del rey. A causa de las conspiraciones y por temor de ser envenenado, éste, antes de comer o beber, esperaba que su copero probara los alimentos y bebidas. Su posición era una de las más honorables en la corte, pero a la vez, una de las de más alto riesgo. No solo por el envenenamiento de los alimentos que debía probar antes de ser colocados a la mesa; sino, también, porque ante la presencia del rey debía presentarse de manera correcta siguiendo todas las reglas y protocolos para servir la mesa y en el tiempo indicado. Si faltaba en algún detalle que hiciera alterar al rey, éste podría mandarlo al paredón o hacerlo azotar.

En cuanto a Nehemías, se entiende que era el copero principal del rey Artajerjes, por lo que solía estar presente en las reuniones y en las conversaciones reales. Como su relación con el rey era estrecha y, por lo general confidencial, a menudo ejercía una influencia considerable en él. Precisamente, fue el copero del faraón quien recomendó a José (Génesis 41.9-13). Por los acontecimientos sucesivos no es de dudar que el rey de Persia tuviera en alta estima a su copero Nehemías (Nehemías 2.6-8), y fruto de esa confianza y de la intrepidez de nuestro querido personaje es que nace el héroe del que les voy a hablar.

Concluimos, pues, que Nehemías conocía de vinos, lo que hoy llamaríamos un «sumiller», pero no sobre arquitectura y mampostería. ¿En qué estaba pensando? Creo que Nehemías estaba pensando en la seguridad del pueblo de Dios, así como en la reputación de Dios ante todas las naciones circundantes.

Verás, con los muros derribados y las puertas quemadas, cualquier enemigo podría simplemente entrar y saquear la ciudad cuando quisiera. Sin muros, el pueblo de Dios tenía pocos medios de protección. Además de ello, Jerusalén era la ciudad de Dios y habría sido una burla para un lugar que antes hubo declarado la gloria de Dios delante de todo el mundo, pero que ahora se encontraba en ruinas. Entonces Nehemías tenía que hacer algo. Se preocupaba por el pueblo de Dios y sentía celos por la gloria de Dios, esa fue la fuente de su valentía y la razón que motivó su determinación.[1]

La clave del éxito

No cabe duda que dentro del Imperio persa hubo gente más capaz que Nehemías; pero ninguno tenía el corazón adecuado y la voluntad para decirle a Dios: «Heme aquí, envíame a mí», como hizo el profeta Isaías cuando tuvo la gloriosa revelación de Dios en el templo (Isaías 6.8). Nehemías fue el único al que el Dios le otorgó un espíritu decidido y atemperado para enfrentar lo que le viniera por el camino. Esa es la gran diferencia entre Dios y nosotros. Los seres humanos nos fijamos en las apariencias, pero el Señor mira el corazón (1 Samuel 16.7).

---

[1] Warren W. Wiersbe, *Be Determined: Standing firm in the face of opposition* (Colorado: Zondervan, 2009), 8.

Tal vez tú y yo lo hubiésemos descartado de inmediato debido a que no tenía la habilidad y capacidad necesarias para realizar la magna tarea de reconstruir los muros de Jerusalén. Pero, para Dios, lo más importante no era lo diestro que fuese el instrumento, sino la disposición de hacer su voluntad, la idoneidad de su corazón. Nehemías dijo: «¡Yo me ofrezco! ¡Yo iré! ¡No soy constructor, pero reconstruiré los muros!»

Lo grandioso de todo esto es que la gloria será para Dios, ya que el escogido era un total desconocedor de la empresa que tenía por delante. De lo contrario, como vemos con suma frecuencia en nuestros días, podría correrse el riesgo de engrandecerse una vez viera el proyecto completado y eso sería más catastrófico que la destrucción misma:

> Porque lo insensato de Dios es más sabio que los hombres, y lo débil de Dios es más fuerte que los hombres. Pues mirad, hermanos, vuestra vocación, que no sois muchos sabios según la carne, ni muchos poderosos, ni muchos nobles; sino que lo necio del mundo escogió Dios, para avergonzar a los sabios; y lo débil del mundo escogió Dios, para avergonzar a lo fuerte; y lo vil del mundo y lo menospreciado escogió Dios, y lo que no es, para deshacer lo que es, a fin de que nadie se jacte en su presencia.
>
> *1 Corintios 1.25-29*

Tener un plan es otro elemento importante para desarrollar y mantener la determinación. Y cada plan que Nehemías ideó involucraba un componente imprescindible: «la oración». La clave del éxito de Nehemías sería la oración. Después de recibir la angustiosa noticia de que se derribaron los muros de Jerusalén y se quemaron las puertas de la ciudad, Nehemías oró. Más aún, no oró por unos pocos minutos solamente ni siquiera por unas horas, sino que oró «por varios días».

Una y otra vez, Nehemías oró hasta sentir la seguridad de que su deseo era también el deseo de Dios. El relato afectó profundamente los sentimientos patrióticos de este buen hombre y no podía hallar consuelo sino en su apasionada y extensa oración para que Dios favoreciera sus planes, que al parecer los había atesorado secretamente en su corazón con el fin de pedir permiso al rey para ir a Jerusalén.[2]

Sus hermosas y conmovedoras oraciones quedaron registrada para la posteridad, como la expresión de un penitente que tras perderlo todo, se refugia bajo las suaves y tiernas alas del Amado, en busca de perdón por los pecados que produjeron semejante ruina y dolor en su vida. Pecados que no cometió; pero que, al igual que Cristo, los hizo suyos y estuvo dispuesto a ser humillado y a ofrendar su propia vida en propiciación para remediarlo (ver Nehemías 1.4-10).

Nehemías también era un hombre de acción. Era organizado, motivador y administrador, características que lo ayudaron a alcanzar las metas que se propuso. Bajo su liderazgo, unos muros que habían estado en ruinas durante décadas se erigieron en cincuenta y dos días. Pero antes de comenzar a moverse, cayó de rodillas. Cuando oía que algo andaba mal, no salía para organizar un comité. Antes de hacer nada, se postraba de rodillas a solas con Dios y oraba. Este era el esquema normal de la vida de Nehemías[3] y la clave del éxito para cualquier empresa.

Nadie dijo que la tarea sería fácil

«Todos los caminos conducen a Roma». Estas fueron las palabras que desde los tiempos del emperador Augusto se convirtieron en una frase muy famosa luego de que el Imperio romano construyera un sinnúmero de caminos que se conectaban con esta insigne ciudad. La consecuencia de ello es que la vida en Roma resultaba más sencilla por la rapidez con la que se transportaban las cosas. Sin embargo, solo los que trabajaron incansablemente en este proyecto y los que conocen la historia detrás de los acontecimientos, saben cuánto sudor y sangre hubo que derramar para lograrlo.

En el caso de Nehemías, la ecuación no fue distinta. Si bien el rey le otorgó permiso e incluso le proveyó los materiales para la obra,

---

[2] Roberto Jamieson, *et. al.*, *Comentario exegético y explicativo de la Biblia* (Texas: Casa Bautista de Publicaciones, 2003), 439.

[3] Rick Warren, *Liderazgo con propósito: Lecciones de liderazgo basadas en Nehemías* (California: Purpose Driven Publishing, 2005), 17.

el personal para realizarla, cartas para los reyes y hasta escolta para el camino, no fueron pocos los retos y desafíos a los que nuestro joven copero tuvo que enfrentarse. De hecho, Nehemías recibió muchas burlas y amenazas de diversas fuentes, pero cada vez que esto acontecía él oraba y afirmaba su confianza en Dios (6.9; 13.29). Una y otra vez, Nehemías cubrió sus planes y deseos en oración (5.19; 13.14, 22, 31).

Cuando los amonitas y los hombres de Asdod amenazaron con atacar si Nehemías no dejaba de construir el muro, pidió protección a Dios (4.9). Cuando sus enemigos Sambalat, Tobías y Gesem el árabe se burlaban y lo ridiculizaban e incluso lo amenazaban de muerte, Nehemías le pidió a Dios que se ocupara de ellos cuando lo considerara oportuno (6.1-16). Una y otra vez recurría a Dios en oración y Dios le concedía la sabiduría necesaria y la protección para continuar con la obra hasta terminarla.

Con sus acciones, Nehemías demostraba el carácter que solo los hombres y mujeres que tienen una relación íntima con Dios pueden demostrar. El carácter de Nehemías debe servir como ejemplo de perseverancia y empoderamiento para todos los cristianos. Cuando el enemigo se ríe de lo que está haciendo el pueblo de Dios, generalmente es una señal de que Dios va a bendecir a su pueblo de una manera maravillosa. Cuando el enemigo se enfurece en la tierra, Dios se ríe en el cielo (Salmo 2.4), porque él conoce el final desde el principio.

A pesar de esta excepcional verdad, la realidad es que muchos de nosotros, cuando las cosas se ponen difíciles en nuestras vidas o cuando somos despreciados, tenemos la tendencia a desanimarnos y deprimirnos. Con frecuencia nos vemos tentados a simplemente rendirnos. ¿Y qué de ti? ¿Alguna vez has tenido ganas de tirar la toalla? ¿Sientes que no eres la persona indicada para realizar la tarea que se te ha encomendado y que tu selección fue producto de una equivocación en el cielo? Continúa leyendo y verás los maravillosos frutos que se cosechan del árbol de la obediencia y la confianza en el Dios que nunca se equivoca y que te conoce mejor de lo que tú te conoces.

Con una sola mano

> Los que edificaban en el muro, y los que llevaban cargas y
> los que cargaban, con una mano trabajaban en la obra, y en
> la otra tenían la espada.
>
> *Nehemías 4.17*

Si el llamado de un «sumiller» te pareció sorprendente, lo que viene ahora te sorprenderá aún más. Nunca en mi vida había escuchado cosa semejante ni tan inverosímil. Como si fuera poco, con la remoción de la inmensa montaña de escombros, la carga de los materiales, la colocación de las inmensas y pesadas rocas con las que le darían forma a la muralla que mediría 12 metros de altura, 2.5 metros de espesor, 4.5 kilómetros de extensión y 34 torres de vigilancia, la mampostería, la construcción de las 12 enormes puertas de madera maciza, los materiales para la mezcla y los alimentos para los obreros, entre otras tareas, ahora Nehemías les pide a los obreros que hagan todo eso con el mismo esfuerzo y el mismo entusiasmo, pero con una sola mano. ¿Qué? ¡Tranquilo! La cosa no es como parece.

Nehemías tenía que asegurarse de que su pueblo y él estuvieran seguros. Y de que si iban a ser atacados como anticipaban, debían estar listos para defenderse. Por ello, les pide a todos los trabajadores que edifiquen y carguen con una sola mano, mientras que en la otra lleven una espada. Pero ¿cómo podrían levantar con una sola mano las inmensas rocas que debían colocar una sobre otra con el fin de edificar esta inmensa muralla? La realidad es que mientras la mitad de los obreros trabajaba en la obra, la otra mitad llevaba lanzas, escudos, arcos y corazas; y detrás de ellos se encontraban los capitanes y los vigías también preparados para defender al pueblo contra cualquier ataque del enemigo (4.16). El resto de los trabajadores llevaba sus espadas colocadas en un cinto ajustado a la cintura (al alcance de la mano) o estratégicamente colocadas junto a la muralla, ya que necesitaban toda su fuerza para poder levantar del suelo la pesada carga, así como para la colocación de la mezcla y la albañilería.

Como puedes apreciar, ante las amenazas de los enemigos de Dios, el primer paso de Nehemías fue colocar guardias en los lugares más visibles y vulnerables de la pared. El enemigo, entonces, al ver que los judíos se encontraban preparados para pelear y que se había perdido el factor sorpresa, desistió de la idea de atacarlos. Esto produjo que el pueblo trabajara con mayor entusiasmo desde el amanecer al anochecer sin perder tiempo en ocio.

La mejor estrategia de todas

> Así que puse a la gente por familias, con sus espadas, arcos y lanzas, detrás de las murallas, en los lugares más vulnerables y desguarnecidos.
>
> *Nehemías 4.13*

Nehemías sigue demostrando sus magníficas destrezas administrativas y de defensa, colocando a los obreros a trabajar por grupos familiares y frente a sus casas. Además, les entregó armas para que se defendiesen en caso de ser necesario. Esta estrategia es la mejor de todas, pues para nosotros los seres humanos no hay un tesoro más valioso que nuestra familia, por lo que ante la más mínima amenaza cualquiera de ellos saldría como león hambriento a defender a sus parientes (esposa, hijos, padres, abuelos, hermanos, tíos, primos, cuñados, suegros, etc.).

Un desconocido tal vez salga corriendo cuando la amenaza aumente y ponga en riesgo su seguridad; pero un familiar, en cambio, cual David, se enfrentará al león y al oso de ser necesario con tal de salvaguardar la vida de sus seres queridos, aun a costa de su propia vida. ¿Acaso no fue esto lo que Jesús hizo por nosotros? Entregar su vida para librarnos del «león rugiente» que ronda buscando a quien devorar (1 Pedro 5.8).

Me imagino a familias enteras esforzándose por construir lo más fuerte posible la parte del muro que quedaba frente al lugar donde construirían sus casas. Entendían que de no esmerarse pondrían en riesgo no solo a toda su parentela, sino también a su ciudad y eso era inconcebible. Con esta estrategia, Nehemías se estaba asegurando de que la muralla quedase lo suficientemente sólida para aguantar cualquier embate de sus enemigos (ver Nehemías 3.28-38). Esta debería ser también nuestra estrategia, construir vallado de oración, ayuno, palabra, fe y unción del Espíritu Santo para salvaguardar a nuestras familias y también para contrarrestar los dardos de fuego que nuestro enemigo el diablo lanza constantemente en contra nuestra, con la intención de destruir el núcleo más sagrado de la creación: la familia.

Mientras esto ocurría, Nehemías planificaba, analizaba la situación y organizaba nuevos planes estratégicos. Uno de esos planes era alentar a la gente a que no tuviese miedo, sino a buscar la ayuda del Señor. Por experiencia propia, este guerrero del Señor les hacía entender que, si tememos al Señor, no debemos temer al enemigo. El corazón de Nehemías fue cautivado por el «grande y terrible» Dios de Israel (4.14; ver 1.5) y sabía que su Dios era lo suficientemente fuerte como para darle la victoria ante cualquier desafío.

También le recordó a la gente que luchaban por su nación, su ciudad y sus familias, que la vergüenza y la humillación tenían fecha de caducidad, que sus rostros serían enaltecidos ante la gran victoria que se aproximaba, la conclusión de la muralla de Jerusalén.

A las familias se les unieron personas que practicaban el mismo oficio: «Sacerdotes, levitas, gobernadores, plateros, perfumistas y comerciantes» y también a ellos se le asignó reconstruir la parte de la muralla y rehacer las puertas que estaba frente a sus casas (ver Nehemías 3.1-32). Por consiguiente, cada grupo se esmeraría en hacer bien su trabajo porque de lo contrario los enemigos podrían atacarlos por esa zona. De este modo, tanto la muralla como las puertas serían tan fuertes como la sección más débil de ella.

Ante este hermoso panorama de unidad y koinonía entre los hijos de Israel que se unieron para reconstruir las murallas de Jerusalén, me parece ver el cumplimiento de las promesas descritas por el cronista cuando dijo:

> Si se humillare mi pueblo, sobre el cual mi nombre es invocado, y oraren, y buscaren mi rostro, y se convirtieren de sus malos caminos; entonces yo oiré desde los cielos, y perdonaré sus pecados, y sanaré su tierra.
>
> *2 Crónicas 7.14*

De igual manera, cuando observo a Nehemías el copero, ahora convertido en el gobernador de Jerusalén (Nehemías 5.14) parado sobre una roca alta dirigiendo la obra que Dios le mando a realizar con tanto entusiasmo y entereza, no me queda otra cosa que pensar en el cumplimiento profético, cuando por medio de Isaías, Dios les hablaba a sus compueblanos sobre lo que esperaba de ellos y el resultado emancipador de su obediencia, diciéndoles:

> Tu pueblo reconstruirá las ruinas antiguas y levantará los cimientos de antaño; serás llamado «reparador de muros derruidos», «restaurador de calles transitables».
>
> *Isaías 58.12,* NVI

Finalmente, el muro con sus puertas fue finalizado en tan solo cincuenta y dos días, ¡toda una hazaña notable! Sus enemigos fueron humillados y conocieron que por mano de Dios había sido hecha esta obra (Nehemías 6.16). Ahora, se observa como los que antes estaban avergonzados y humillados celebran, mientras que los que celebraban y se burlaban fueron humillados tremendamente. El muro recibió su debida dedicación al Señor (12.27ss) con una fiesta solemne y a Nehemías se le permitió gobernar Jerusalén por los siguientes doce años. ¡De copero a gobernador! ¿Comprendes ahora por qué este libro se titula «Lo que Dios hace siempre tiene sentido»?

Esta hermosa historia nos enseña que nada sucede hasta que alguien diga «vamos a hacer algo al respecto». Que más allá de las capacidades que podamos tener, Dios busca gente que pueda usar y derramar sobre ellos su favor. Tal vez tú digas: «Yo no tengo los dones, el talento, las destrezas o el intelecto necesario» y posiblemente tengas razón. Nelson pensaba igual y, sin embargo, Dios lo rescató de una cadena perpetua en la cárcel federal de máxima seguridad para hacer de él un renombrado evangelista.

Nehemías tampoco tenía lo necesario para edificar los muros de Jerusalén y ahí está la evidencia de su éxito. Tan solo era un «catador de vinos». Nunca había tomado un martillo en su mano ni tenía idea alguna sobre construcción de muros. Sin embargo, por provisión divina en tan solo cincuenta y dos días se convirtió en el mejor «reparador de portillos» de la historia.

Historias como estas se repiten vez tras vez con gente que no tiene las capacidades, pero tienen el favor de Dios. Y por lo que sé, Dios sigue buscando gente que esté dispuesta a ser usada por él. Ayer fue Nehemías, hoy fue Nelson y mañana puede que seas tú la persona que Dios escoja para realizar algunos de sus grandiosos proyectos. ¿Estás dispuesto?

Capítulo 10

La fotografía

Desnudo vine a este mundo, y desnudo saldré de él.
El Señor me lo dio todo, y el Señor me lo quitó;
¡bendito sea el nombre del Señor!
Job 1.21, DHH

William Booth, fundador del «Ejército de Salvación», fue un ganador de almas extraordinario y un creyente intachable. Sus estrategias evangelísticas revolucionaron la ciudad de Londres y sus alrededores, a mediados del siglo XIX. Sus innovadores métodos para alcanzar a la gente y la forma en que los primeros adeptos reaccionaban ante la adversidad marcaron un precedente de lo que hoy podríamos llamar «un evangelio encarnado» e innovador para su tiempo.

Al principio, realizaban los cultos de oración y proclamación de la Palabra en los parques, en las esquinas de las calles, en carpas de circos y en almacenes, entre otros lugares. Además de proclamar las buenas nuevas, la metodología más efectiva de Booth consistía en alimentar a la gente antes de hablarles del Evangelio y guiarlos a la fe en Cristo. Esta estrategia resultó ser muy efectiva, dado a que el hambre afectaba adversamente a más del noventa por ciento de la población de aquel entonces.

Con el tiempo, se añadieron al Ejército de Salvación miles de personas como voluntarios para esparcir el evangelio mientras ayudaban a la gente en sus necesidades proveyéndoles comida, gestionándoles empleos, alojamiento y más.

Fueron muchos los misioneros convertidos y entrenados por Booth y su equipo, que salieron a otros países a servir y a compartir la visión del Ejército y, gracias a éstos, y a los miles de voluntarios que se han unido a este ministerio hasta el día de hoy, se han podido ayudar a millones de personas por todo el mundo.

Un detalle en particular que me llamó la atención del Ejército de Salvación mientras W. Booth todavía estaba vivo, fue que a medida que el Ejército crecía y se volvía más popular, la oposición también aumentaba. La gente por docenas corría para llegar a tiempo a las campañas de evangelización de Booth y su esposa Catherine, quien también era una prolífica predicadora y muchos recibían al Señor, dando como resultado que dejaran de pecar como lo hacían antes. Por esta causa, los propietarios de bares y burdeles, cuyos negocios se veían afectados por el Ejército, dado que muchos alcohólicos y prostitutas se convertían en creyentes, contrataban a matones para que atacaran las reuniones al aire libre y con palos golpearan a los músicos y los predicadores. Los alborotadores se volvieron tan audaces que se hacían llamar el «ejército de esqueletos» en son de burla. Su insignia era una bandera con la imagen de una calavera con huesos cruzados y atrajo a más de mil miembros.

En una ocasión, trataron de detener un desfile del Ejército en el cual el mismo «general», como llamaban a Booth, participaba. Los atacaron con palos, piedras y comida podrida, pero los salvacionistas se negaron a repeler el ataque. Booth los llamó para que se quedaran cerca del carruaje, y ellos obedecieron. Uno de ellos recibió un golpe en la cara y fue tan fuerte que hubo que sostenerlo en su caballo durante todo el camino hasta el lugar de la reunión. Cuando el grupo llegó, se bajó y dijo: «Espero que sean salvos» antes de caer en coma.

Los demás miembros que ya se habían congregado en el lugar de reunión se sorprendieron, porque los recién llegados se presentaban con los instrumentos musicales rotos, estaban ensangrentados y tenían la apariencia de haber sido maltratados. El comentario del «general» Booth fue este: «Ahora es momento para sacar la fotografía».[1]

---

[1] Robert Liardon, *Los generales de Dios: Los predicadores de avivamiento* (Miami: Peniel, 2008), 430.

¿Por qué a la gente buena le suceden cosas malas?

Al ver el inmenso sacrificio, dolor y persecución por los que pasaron los salvacionistas, así como otros miles de creyentes en todo el mundo hasta el día de hoy, no puedo dejar de pensar en el personaje principal de este capítulo. Se trata de un hombre que ha dejado tatuado con hierro caliente en los corazones de miles de creyentes, la forma en que la fe y la confianza en Dios nos pueden ayudar a manejar las crisis existenciales que nos afectan a todos en algún momento de nuestras vidas, especialmente cuando no entendemos el porqué de ellas.

Es un hombre al que tanto Dios como el narrador afirman que es «recto e intachable». Posee una familia numerosa y próspera, con ganados infinitos y un sinfín de siervos que le servían en todo momento haciendo de su vida más llevadera.

Es un hombre bien acomodado, con un estatus social elevado al que no le faltaba nada de lo que alguien pudiera desear. Como diría el viejo adagio: «A este hombre lo único que le falta es sarna para rascarse». Adagio que no está muy lejos de la realidad que tuvo que encarar este ilustre hombre. La vida le sonreía y Dios lo prosperaba en todo lo que hacía. Pero, como expresó Séneca: «Menos duran los deleites que su memoria». Y, precisamente es su memoria lo que nos ha sido legada para comprender que lo que Dios hace siempre tiene sentido, aunque nosotros no entendamos ni un ápice del porqué a la gente buena le suceden cosas malas.

Su historia se encuentra en uno de los libros más antiguos y reconocidos de la Biblia y que lleva su nombre: Job. En él se nos presenta el rostro oculto, el lado oscuro del sufrimiento que se muestra como un invasor empedernido, no en los que practican el pecado y viven sin interés alguno en relacionarse con el Dios creador del cielo y de la tierra, sino en personas que caminan afianzados en la fe. Almas justas que obedecen fielmente los preceptos divinos y que viven en integridad.

A su vez, nos descubre el lado humano, que ante la incomprensión e incertidumbre de su realidad existencial cede de su pragmatismo doctrinal de la retribución, donde el sufrimiento es consecuencia del pecado, para encontrar respuesta a su infortunio al entrar «en el misterio de Dios».

Su devoción a Dios es incuestionable, pues todos los días se le ve orando por sus diez hijos a quienes les fascinaba la algarabía y los banquetes. Como un padre que se preocupa por su prole, con el entrañable deseo de que éstos fuesen aceptos delante de su Señor, cada mañana Job se aseguraba de que sus hijos se purificaran. También, ofrecía un holocausto por cada uno de ellos, pues pensaba: «Tal vez mis hijos hayan pecado y maldecido en su corazón a Dios». Por lo que para Job esta era una costumbre cotidiana y una práctica que deseaba dejar a su descendencia como heredad.

Un cónclave celestial

Mientras esto sucedía acá en la tierra, el narrador nos muestra otra escena paralela a esta, que sucedía en el cielo. Nos muestra a los ángeles de Dios que se presentan delante de su Señor, pero no nos dice la razón de ello, y para añadir suspenso al relato, el autor señala que entre ellos se presentó también Satanás.

Cuando leo sobre este cónclave celestial entre Dios y sus ángeles, se me viene a la mente una de las parábolas de Jesús, la de los talentos. En esta se nos presenta a Dios pidiéndole cuentas a sus hijos y estos, a su vez, responden sobre el trabajo que se les había encomendado.

Desde esta perspectiva, me parece escuchar a los ángeles uno tras otro, decir: «Señor, fui a ver al joven que se iba a suicidar y al verme cayó postrado al suelo, adoró tu nombre y desistió de hacerlo». Otro: «Padre, ¿recuerdas la mujer del cáncer en la matriz? Fui a visitarla como me indicaste, puse mi dedo en su vientre mientras dormía y fue sanada al instante». El siguiente: «Divino Creador, la joven que estaba sumergida en vicios de drogas y en la pornografía ¿la recuerdas? Anoche me le aparecí en el callejón donde se encontraba mientras le apuntaban en la cabeza con un arma, y para gloria de tu nombre, al verme, todos salieron corriendo y la muchacha volvió a su casa, y al llegar, encontró a su madre arrodillada al lado de su cama clamando a ti por ella». Y uno más: «Abba, Papá, fui a donde estaba tu siervo orando para entregarles tu mensaje, y aunque fui resistido por el príncipe de su nación, pude vencer y cumplir con la encomienda [...]. Así, uno tras otro le contaba a Dios las maravillas que ocurrían en cada rincón de la tierra. ¡Pero claro, es solo mi imaginación! ¡Aunque no lo dudo!

Ahora bien, continuando con el relato cabe preguntarnos: ¿Por qué a Satanás se le había permitido presentarse ante Dios? La respuesta a esta pregunta ha sido una de las mayores incógnitas de muchos teólogos y eruditos y ha producido un mar de explicaciones, pero todas son simples conjeturas, pues el texto no apoya una conclusión definitiva. Lo que sí se descubre es que, ante la presencia de Satanás en ese cónclave celestial, es Dios quien toma la iniciativa para hablarle y hacerle ciertas preguntas.

En la primera le pregunta: «¿De dónde vienes?» Satanás responde: «vengo de rondar la tierra, y de recorrerla de un extremo a otro». Aunque nuevamente el autor no ofrece información respecto a qué era lo que Satanás hacía cuando rondaba la tierra, la respuesta nos la da el apóstol Pedro en su primera epístola cuando, inspirado por el Espíritu Santo, le dice a la iglesia: «Practiquen el dominio propio y manténganse alerta. Su enemigo el diablo ronda como león rugiente, buscando a quién devorar» (1 Pedro 5.8).

Así que, al rondar la tierra, Satanás no estaba contemplando las maravillas de la naturaleza, sino buscando lastimar a alguien. Esto ocurre porque desde su rebelión y posterior caída, Satanás no ha hecho otra cosa que tratar de destruir todo lo que le recuerde a Dios, en especial a los seres humanos, quienes son la «corona de la creación», creados a imagen y semejanza del Dios Eterno.

Sorpresivamente, tras la respuesta soslayada de Satanás y conociendo Dios su tendencia a robar, matar y destruir, el autor nos presenta a un Dios que no se inmuta, sino que prosigue con el diálogo y le hace una segunda pregunta, esta vez relacionada con nuestro amigo Job:

> ¿Te has fijado en mi siervo Job? Que no hay otro como él
> en toda la tierra, varón perfecto y recto, temeroso de Dios
> y apartado del mal.
>
> *Job:1-8*

¡Que hermoso, que Dios pueda expresarse así de nosotros! Pues hacen falta héroes de la fe que nos inspiren con su ejemplo de amar a Dios sobre todas las cosas sin importar las alegrías o los infortunios que la vida nos depare.

La respuesta de Satanás no se hizo esperar: ¡No irás a creer que Job teme a Dios de balde!» (1.9), que le quiere por nada, de modo desinteresado. Con su respuesta, Satanás pretende hacerle creer a Dios que su proyecto de creación había sido un total fracaso, pues según él, el ser humano es por naturaleza pecador, un ser sin remedio que cede con suma facilidad ante la tentación y que actúa correctamente solo cuando es recompensado. Por eso continúa diciendo:

> Sí, pero Job tiene una buena razón para temer a Dios: siempre has puesto un muro de protección alrededor de él, de su casa y de sus propiedades. Has hecho prosperar todo lo que hace. ¡Mira lo rico que es! Así que extiende tu mano y quítale todo lo que tiene, ¡ten por seguro que te maldecirá en tu propia cara!
>
> *Job 1.9-11,* NTV

A pesar de este improperio e irrespetuosa manera de responder a su Creador, Dios, como alentado por el desafío que acaba de recibir, acepta el reto de Satán diciéndole: «Ahí tienes todos sus bienes en tus manos. Cuida solo de poner tu mano en él» (1.12).

Lo que sigue a continuación es conocido: La escena vuelve a la tierra, donde una serie de cataclismos acaban con todas las posesiones de Job, incluidos sus hijos. De la noche a la mañana un hombre que lo tenía todo se vio forzado a la vida más miserable que ser humano alguno haya llevado sobre la tierra.

Frente a esta insospechada hecatombe, Job se levantó, rasgó su manto, se rasuró la cabeza, luego se postró en tierra y adoró. Y, mientras empapaba la tierra con torrentes de lágrimas, gimiendo delante del Señor, pronunció unas de las palabras más citadas y observadas por toda la cristiandad en toda su historia: «Desnudo salí del vientre de mi madre, y desnudo he de partir. El Señor ha dado; el Señor ha quitado. ¡Bendito sea el nombre del Señor!» (1.21). En todo esto, Job no pecó ni maldijo a su Dios como pensaba Satanás (1.22).

Nuevamente, la escena se traslada al cielo donde a Satán se le permite tocar el cuerpo de Job, aunque no su alma. Al parecer, Dios sigue apostando a la fidelidad de Job ante las peores circunstancias, para demostrarle a Satán que se equivocaba respecto a su siervo.

El resultado de este cruento ataque del maligno produjo en Job una lepra o sarna humana que cubrió toda su piel, desde los pies hasta la cabeza (2.7). A pesar del inmenso dolor y el sufrimiento que su cuerpo forrado en llagas sostenía, Job tampoco maldijo a Dios ni cometió pecado alguno, frustrando una vez más sin saberlo los malévolos planes del opositor.

A veces recibimos menos de quienes esperamos más

Más adelante, como si no fuera suficiente con perderlo todo y sufrir una de las peores enfermedades que ser humano alguno pueda resistir, su mujer en vez de compadecerse de él le increpa: «¿Todavía retienes tu integridad? ¡Maldice a Dios y muérete!» (2.9). Al contrario, Job recrimina a su esposa por sus palabras y se limita a contestar: «¿Recibiremos de Dios el bien, y el mal no lo recibiremos?» (2.10). Afirmando con estas palabras que, para él, el amor de Dios es más importante que todos los tesoros del mundo, incluso que la vida misma.

Al enterarse de la situación de Job, tres sabios amigos suyos, Elifaz, Bildad y Zofar, acuden a condolerse con él y a consolarle. Lo encuentran viviendo entre la inmundicia y se escandalizan ante su sufrimiento, pues pensaban que ningún justo puede sufrir aflicción a menos que haya cometido pecado. Esta creencia se sustenta en la doctrina de la retribución, doctrina que era ampliamente aceptada en los tiempos de Job.

Pasado un tiempo, cada uno de ellos, por turno, se esfuerzan en exponer a Job lo que creen que es la razón de su sufrimiento. El primero, Elifaz, pregunta: «¿Puede un simple mortal ser más justo que Dios? ¿Puede ser más puro el hombre que su creador? Pues, si Dios no confía en sus propios siervos, y aun a sus ángeles acusa de cometer errores, ¡cuánto más a los que habitan en casas de barro cimentadas sobre el polvo y expuestos a ser aplastados como polilla!» (4.17-19).

Bildad, el segundo en intervenir señala que si Dios castigó a los hijos de Job, lo hizo sólo al grado en que se lo merecían por haber pecado (8.4). Zofar, por su parte, el último de los amigos de Job en intervenir insiste en que si Dios ha querido que su siervo sufra es porque previamente ha pecado, aunque éste no sea consciente de haberlo cometido (11.6-20) y añade que Job aún puede darse por satisfecho, pues es seguro que Dios le ha perdonado «menos de lo que su iniquidad merece» (11.6), insinuando así que todavía hay retribución pendiente de pago.

Frente a la injusta conclusión a la que habían llegado sus amigos respecto a su infortunio, Job no puede responsabilizarse de una falta de la que su corazón no le acusa (27.6). Está dispuesto a soportar el dolor, pero sigue pensándose inocente y con su conciencia limpia.

No maldice a Dios, pero se niega a admitir que, puesto que sufre la ira de Dios, ha de ser culpable. Y cuando sus amigos insisten en que Dios castiga el pecado de los malvados, Job les contesta que mientras los malvados prosperan, colmados de bienes y placeres (21.7-34), él, que siempre fue fiel a Dios y se apartó del mal, se pudre entre el estiércol, solo, abandonado por todos, convertido en objeto de burla.

Gobierna tu entorno

Ante la impresión negativa que ha producido en Job los prejuicios y consejos erróneos de sus amigos, típico de su cultura soslayada, podemos extraer algo sustancial y provechoso para nosotros hoy.

Es cierto que no tenemos el control sobre lo que la gente haga o diga, pero sí podemos tener control sobre nuestros pensamientos, nuestras actitudes y sobre la manera en que reaccionamos ante los que vienen a derramar su basura sobre nosotros.

La Biblia dice que sobre todas las cosas debemos guardar nuestro corazón porque de él mana la vida (Proverbios 4.23). Si le prestas demasiada atención a aquellos que manifiestan malas actitudes y te hieren con sus palabras, terminarás siendo ofendido y el enemigo sacará ventaja de ti. Te convertirás en presa fácil y tu relación con Dios y con los demás terminará afectada. La ofensa te dirá: enfádate, amárgate, aíslate y tristemente muchos caerán presos de estos sentimientos dañinos. Y, por si no lo sabías, «la soledad es mala compañía».

Por tal razón, te aconsejo que «tomes control de tu entorno», porque si no lo haces, andarás a la defensiva intentando demostrar a la gente que estás bien y perderás tu tiempo en algo sin importancia. No necesitas la aprobación de la gente si es que ya tienes la aprobación de Dios. Pero debes tomar control de tu entorno. Elige amistades que te inspiren, que te ayuden a mejorar, que te desafíen a salir adelante y que contribuyan positivamente a tu vida.

Mientras tanto, no debemos perder el tiempo con personas pesimistas, maledicentes, murmuradores o faltos de espiritualidad, que no nos valoran como somos y quiénes somos en Cristo. Algunos llaman a esto «relaciones tóxicas» porque sus actitudes, como un virus, nos producen ansiedad, incomodidad y hasta falsas expectativas de uno mismo.

Para que logres tomar el control de tu entorno, debes evaluar a qué le das importancia, con quién pasas el tiempo, qué observas, que escuchas y a quién le confías tus secretos más íntimos. Si te juntas con gente envidiosa te volverás envidioso. Si te juntas con gente infiel te volverás infiel. Si te juntas con personas maledicentes terminarás hablando como ellas.

Deja de pasar tiempo con gente que no cree en ti ni en los sueños que quieres alcanzar. Aprende de la experiencia de José que, por contarle sus sueños a sus hermanos, terminó siendo vendido y llevado como esclavo a la tierra de Egipto. Rodéate de personas empoderadas que sueñan con ser importantes en el reino de Dios, con gente emprendedora y visionaria, gente que no se rinda ante la adversidad. Busca personas que te hagan mirar hacia arriba y no hacia abajo, gente como las águilas, que sobrevuelan sobre las tempestades, seres que te impulsen hacia adelante y te ayuden a alcanzar tu destino. No estoy diciendo que te aísles de todo el mundo. Pero sí te aconsejo que, si compartes con alguien que te resta, entonces toma la iniciativa y se tú la que sume a la vida de esa persona, influenciando positivamente en ella.

La siguiente ilustración podría parecer jocosa, pero encierra una gran verdad: «No puedes volar con las águilas si estas rodeado de pollos». Las gallinas son personas que tienen la cabeza agachada, enfocada en el suelo, en lo que no pueden hacer: «este problema es demasiado grande». No puedes crecer juntándote con pavos. Gente que cede y que toma el camino fácil, y a la primera dificultad renuncia a sus sueños. No verás tu grandeza juntándote con cuervos. Gente que se queja, que ve las fallas y resalta lo peor ti. Tú eres un águila. Dios te creo para ascender. Por eso, debes asociarte con otras águilas. Con gente que te inspire a elevarte más alto, hasta alcanzar las estrellas.

No con gente que te jale hacia abajo y te hagan dudar de quién eres tú en el Señor».[2]

Precisamente, esto fue lo que hizo Job. Se resistió a dejarse ofender por las palabras de su esposa. Y rechazó los argumentos de sus amigos, quienes lo acusaban como el responsable de su infortunio. Él supo tomar control de su entorno y dirigió su queja a quien debía hacerlo: a Dios.

Reivindicado

Finalmente, la respuesta de Dios llegó y Job fue reivindicado. Salió vencedor, aunque no sin cicatrices y una armadura desgastada. Tras el ensordecedor silencio de Dios, y luego de un periodo de tiempo, el Señor vino a visitarlo. Hablaron cara a cara con franqueza, como un padre cuando aconseja a su hijo y Job comprendió que en medio de su dolor había hablado lo que no entendía (42.3). Comprendió que sus quejas habían sido producto de su limitado entendimiento y de su raciocinio nublado por el sufrimiento que sentía. Arrepentido por pensar que Dios había sido injusto con él, aunque humanamente podríamos pensar que así fue, Job expresa no con sus labios, sino con el corazón, las palabras que enmarcan el centro y corazón de este, el mejor libro poético y sapiencial de toda la Biblia: «De oídas te había oído; mas ahora mis ojos te ven» (42.5).

Después de hablar con Job, el Señor se dirigió a Elifaz para ajustar cuentas con él y con sus amigos por no haber hablado de él rectamente. Para que reconozcan que, a diferencia de Job, lo que ellos habían dicho de él no era verdad. Por su insolencia, ahora eran ellos los que necesitaban del consejo de Job y éste, cual sacerdote del Altísimo, ofrecería holocaustos en propiciación por sus pecados y oraría por ellos, pues Dios había decidido que solo los perdonaría si Job se lo pedía en oración. Elifaz, Bildad y Zofar fueron e hicieron lo que el Señor les ordenó y el Señor aceptó la oración de Job (42.8-9).

Luego de haber orado por sus amigos, Job fue sanado de su enfermedad y el Señor lo hizo prosperar dándole más del doble de

---

2 Joel Osteen, *Gobierna tu atmósfera*. Accesado en junio/10/2023. https://www.youtube.com/watch?v=X2crl_NlGrs&t=144s.

lo que antes tenía. Sus hermanos, hermanas y todos los que antes lo habían conocido, fueron a su casa y celebraron con él un banquete. Le ofrecieron sus condolencias y lo consolaron por todas las calamidades que el Señor le había enviado y cada uno de ellos le dio una moneda de plata y un anillo de oro. El Señor bendijo más los últimos años de Job que los primeros, dándole una inmensidad de animales domésticos y para añadir a su alegría, lo bendijo con diez hermosos hijos (ver Job 42.10-13).

Asombrosamente después de esto, Job vivió ciento cuarenta años y murió a una edad muy avanzada, llegando a ver a sus hijos, nietos, bisnietos y tataranietos.

Ahora es el momento para sacar la fotografía

Los seres humanos se han debatido durante mucho tiempo y muy seriamente con el problema del sufrimiento humano y su significado. El libro de Job es el más brillante de los esfuerzos en esta dirección que haya quedado registrado en la literatura universal.

La historia de Job se ha convertido en algo así como un espejo en el que infinidad de personas han visto reflejadas las experiencias espirituales más intensas de su propia vida. Por eso, el libro jamás ha perdido pertinencia. Ni la perderá.

Mientras haya en el mundo seres humanos que sufren incomprensiblemente; mientras haya almas que agonizan enfrentándose con los misterios morales del universo, animados por la fe y atormentados por la duda; mientras haya hombres y mujeres envueltos en la perplejidad, zarandeados por circunstancias enigmáticas, pero indómitos en su búsqueda de luz; mientras haya espíritus que se debaten entre la esperanza y la desesperación, el libro de Job tendrá un mensaje único e insustituible.[3]

Ante el dolor humano, la Palabra de Dios es la mejor medicina. William Booth lo sabía muy bien. Por eso, cuando sus amigos y él regresaron al lugar de reunión, ensangrentados y adoloridos por los golpes recibidos, les pidió que posaran para tomarse una foto.

---

3 José M. Martínez, *Job: La fe en conflicto* (Barcelona: CLIE, 1975), 5.

Su gesto no fue un acto de masoquismo como si estuviesen exaltando el dolor, sino de regocijo, primeramente, porque Dios los había considerado dignos de padecer deshonra por el nombre de Jesús (Hechos 5.41) y segundo, porque había hecho suyas las palabras del apóstol cuando dijo: «Porque esta leve tribulación momentánea produce en nosotros un cada vez más excelente y eterno peso de gloria» (2 Corintios 4.17).

Muchos años han pasado y la fotografía de Job y sus amigos, de Booth y sus consiervos y la de muchos héroes de la fe que ofrendaron sus vidas al servicio de Dios siguen iluminando e inspirando a miles de personas. Su legado ha quedado registrado en los aranceles de la historia, historia que se sigue escribiendo cada vez que alguien se levanta en el nombre del Señor para triunfar ante la adversidad.

Para finalizar, quisiera regalarte una perla preciosa como en ocasiones llamo a los versos inspiradores de la Biblia; grábala en las tablas de tu corazón y úsala siempre que la necesites:

> Yo sé que mi Redentor vive, y al fin se levantará sobre el polvo; y después de deshecha esta mi piel, en mi carne he de ver a Dios.
>
> *Job 19.25-26*

Capítulo 11

Incomprendidos

Así dice el Señor: Paraos en los caminos y mirad,
y preguntad por los senderos antiguos cuál es el buen camino,
y andad por él; y hallaréis descanso para vuestras almas.
Pero dijeron: «No andaremos en él».
Jeremías 6.16, LBLA

Cuando mi amigo y consiervo Eliezer, quien es un gran hombre de Dios con una trayectoria ministerial encomiable, partió junto a su esposa y sus dos pequeños hijos para comenzar una nueva obra en un área rural de uno de los Estados de la costa este de los Estados Unidos, pensé que por lo fructífero de su ministerio en su tierra natal, su tarea sería sencilla y que vería resultados positivos de inmediato.

Un par de años después, cuando participaba de una convención de pastores, inesperadamente me topé con mi amigo y apenas lo reconocí, pues su semblante se había transformado por completo. Contrario a la alegría que le caracterizaba, se le veía apesadumbrado y un tanto distraído. «¡Hola pastor Eliezer, que gusto verte!» Le expresé de inmediato. «¿Cómo estás? Y, ¿cómo te ha ido en tu nueva encomienda?» «Ah, no muy bien, pero seguimos confiados en que Dios habrá de glorificarse…». «Pero ¿qué te ha sucedido? ¿Por qué dices "no muy bien"? Y, ¿por qué te ves tan triste?» Seguí insistiendo. Como un boxeador que busca un segundo aire para proseguir peleando luego de recibir un duro golpe en el costado, Eliezer suspiró y con sus ojos humedecidos por las lágrimas me confiesa: «pensé que la misión que fui a realizar sería sencilla y que tendríamos un rápido crecimiento, pero contrario a esto, la tarea ha sido más extenuante y difícil de lo que jamás habría imaginado. A la mayoría de la gente de ese lugar no les importa establecer una relación con Dios. Y no aman los consejos que en el nombre del Señor les doy cada semana en el templo. Prefieren seguir con sus vidas tal y cual la llevaban antes de llegar a la iglesia, entran y salen sin ningún tipo de compromiso o cambio. Siento que estoy tirando golpes al aire…».

Ignorados

Proclamar el mensaje del evangelio sin ser escuchados es uno de los mayores desafíos que cualquier ministro del Señor (pastores, misioneros, evangelistas, profetas) pudiera enfrentar en su carrera. Por esta y otras razones es que muchos enviados abandonan sus posiciones en el campo de batalla y se resisten a volver a tomar las armas que les fueron otorgadas por el Señor cuando fueron reclutados (ver 2 Corintios 10.4; Efesios 6.10-18). Por supuesto, de ninguna manera podemos juzgar a ningún siervo de Dios, porque sé que la tarea no es nada fácil, a la vez, no hay nada más extenuante y desconcertante que predicarle a un pueblo obstinado y duro de cerviz que resiste al Espíritu Santo, como ocurría en algunos lugares donde los primeros discípulos predicaban el evangelio (ver Hechos 7.51).

No obstante, tampoco podemos tapar el sol con el dedo, pues constantemente se escuchan noticias de ministros que renuncian al ministerio, iglesias que cierran sus puertas, voces importantes en el reino silenciándose ante la ola de oposición y violencia que en ocasiones surge contra ellos, y si a esto le añadimos la pandemia del covid encontraremos situaciones similares una y otra vez. Parecería que la iglesia está perdiendo la batalla contra las huestes de maldad en las regiones celestes, pero eso está muy lejos de ser verdad.

Mientras esto sucede, en distintas partes del globo terráqueo cientos de vidas están siendo evangelizadas por todos los flancos y muchos se añaden a la iglesia cada día. Ante este panorama, la impresión parecería ser contraria como ocurrió con el profeta Elías, cuando perseguido por Jezabel la esposa del rey Acab, pensó que todos los profetas del Señor habían sido asesinados y que él era el único sobreviviente y por tanto huía. Ante esta incertidumbre, el Señor le responde que su impresión era equivocada pues había siete mil guerreros de rodillas peleando la buena batalla de la fe y proclamando al Dios verdadero en un mundo idólatra e irreverente (ver 1 Reyes 19.9-10; 11.4).

En la Biblia encontramos abundantes historias donde la gente cierra sus oídos ante la insistente voz del Amado, que está a la puerta y llama. Gente que se resiste o no tiene prisa por abrir la puerta e invitarle a entrar y cuando lo hace, ya es demasiado tarde, el Señor ha partido (ver Cantares 5.5-6).

Los profetas, y también los apóstoles, sufrieron oposición y su mensaje fue ignorado por el pueblo. Dentro de todos, ninguno fue tan incomprendido, ignorado y hasta maltratado como el profeta Jeremías, nombre que proviene del hebreo y que significa «Yahveh es exaltado».

Jeremías, quien sólo tenía 17 años cuando fue llamado por Dios como profeta a las naciones, fue el último profeta enviado por Dios a predicar al reino del sur, formado por las tribus de Judá y Benjamín, poco antes de la invasión babilónica.

A este joven profeta le tocó vivir en tiempos difíciles y de gran incertidumbre, en medio de un pueblo entenebrecido, duro de corazón, que se había olvidado por completo del Dios que les había entregado la tierra donde posaban sus pies y que generosamente les otorgaba el alimento que les sustentaba. Pueblo que en su desenfreno se había corrompido adorando a dioses paganos:

> Porque dos males ha hecho mi pueblo: me dejaron a mí, fuente de agua viva, y cavaron para sí cisternas, cisternas rotas que no retienen agua.
>
> *Jeremías 2.13*

Permíteme hablar un poco sobre este insigne profeta. La vida y vocación de Jeremías, cuyos oráculos se recogen, comentan y amplían en el libro que lleva su nombre, está bien documentada. Vivió entre el siglo VII y VI a. C. Apoyó la reforma yahvista de Josías (640-609 a. C.) y sufrió después bajo Joaquín (609-597) y Sedequías (597-586) y posteriormente, como hemos mencionado, la tragedia de la invasión babilónica.

Su mensaje consta, sobre todo, de amenazas y catástrofes, pero también de promesas de restauración. Recibió de Dios la misión de anunciar la ruina de Judá y vio personalmente el cumplimiento de ese vaticinio; pero también tuvo el consuelo de pronosticar el futuro reino mesiánico (ver Jeremías 23.5-6; 33.14).

Jeremías les pidió encarecidamente a los judíos que no se alzaran contra Babilonia, pues por causa del pecado de ellos Dios ya había dictado una sentencia en su contra, pero su pueblo no quiso escucharlo. En su lugar, pensaron que el profeta los estaba traicionando y en ningún momento consideraron su mensaje como de parte del Señor.

Jeremías predicó durante 40 años y, contrario a otros profetas del Señor, no vio algún cambio positivo o sensibilización de los corazones y las mentes de su pueblo. Se parece a lo que le sucedió a mi amigo Eliezer que le hablaba al viento cuando les llevaba el mensaje del único y verdadero Dios. Junto con esta humillante experiencia, Jeremías tuvo que enfrentarse con muchos enemigos, sufrió persecuciones, prisiones, fue arrojado dentro de una profunda cisterna y finalmente murió en un forzoso destierro a Egipto.[1] Una y otra vez, Jeremías le advertía a su pueblo que se arrepintiera y regresara a la fe de sus antepasados, pero estos lo ignoraban por completo. Decía:

> ¿A quién hablaré y amonestaré, para que oigan? He aquí que sus oídos son incircuncisos, y no pueden escuchar; he aquí que la palabra de Jehová les es cosa vergonzosa, no la aman.
>
> *Jeremías 6.10*

Y, nuevamente:

> Así dice el Señor: Paraos en los caminos y mirad, y preguntad por los senderos antiguos cuál es el buen camino, y andad por él; y hallaréis descanso para vuestras almas. Pero dijeron: «No andaremos en él».
>
> *Jeremías 6.16*

¿Un llamado equivocado?

¿Quién pudiera enviar a alguien a realizar una tarea si de antemano supiese que no obtendría resultado alguno? ¿Acaso no predicamos

---

1 Xabier Pikaza, *Comentario al texto hebreo: Jeremías* (Barcelona: CLIE, 2017), 11.

el evangelio para que la gente venga al conocimiento de la verdad, se arrepienta de sus pecados y reciban la salvación por el poder de la Palabra?

Ante estas y otras interrogantes que pueden surgir frente el aparente fracaso ministerial del profeta Jeremías, donde no solo se descubre que fue ignorado por completo, sino también, de que no existe evidencia de conversión alguna, milagros realizados o cambios de pensamiento (gr. «metanoia») de la gente a la que se le predicaba, podríamos llegar a pensar que Dios se equivocó cuando llamó a Jeremías para ser su profeta o que su plan había fallado, pero es todo lo contrario. Dios tuvo el control en todo momento. Sabía lo que hacía. Veamos algunos detalles que confirman esta noción.

Jeremías era un joven del campo, descendiente de una familia sacerdotal, con las cualidades específicas que Dios buscaba para hacerle su profeta. Por supuesto, Dios sabía que la encomienda que le sería delegada a su siervo era demasiado grande para cualquier ser humano sin importar los dotes ministeriales que pueda poseer. Por eso el Señor extendió su mano, tocando la boca de Jeremías y dándole palabras divinas (sabiduría). Le dio poder sobre las naciones y reinos, para arrancar y destruir, arruinar y derribar, pero también para edificar y plantar (1.10).[2]

Al parecer, Dios no solo lo había escogido, sino que sin que el propio Jeremía lo supiera, Dios lo había preparado para ese preciso momento.

> Antes de formarte en el vientre, ya te había elegido; antes de que nacieras, ya te había apartado; te había nombrado profeta para las naciones.
>
> *Jeremías 1.5*

Al principio, Jeremías se resistió a aceptar el llamado, puesto que racionalmente para él, su tierna edad y su falta de experiencia profética eran una limitación considerable para ejercer tan importante oficio. Finalmente, tras un breve tiempo de resistencia, Jeremías acepta su encomienda.

---

[2] Samuel Vila Ventura, *Nuevo diccionario bíblico ilustrado* (Barcelona: CLIE, 1985), 561.

> Me sedujiste, oh Señor, y fui seducido; más fuerte fuiste que yo, y me venciste […] No obstante, había en mi corazón como un fuego ardiente metido en mis huesos; traté de sufrirlo, y no pude.
>
> *Jeremías 20.7a, 9b*

Dios se reafirma en su selección, pues como en otras ocasiones, vuelve a escoger a una de sus criaturas más endebles como lo hizo con José, Moisés, Gedeón y David, entre otros, para levantar su nombre en alto en medio de la incredulidad y el rechazo de su pueblo y de las otras naciones.

Esto demuestra que Dios no buscaba a un erudito, un gobernante o alguien de influencia; Dios quería un hombre con un corazón noble para hacerle profeta a las naciones. La posterior carrera de Jeremías demuestra que tenía esta cualidad en plena medida.

Hay unas características que me gustaría resaltar de este gran profeta. Habiendo pasado toda su juventud en el campo, Jeremías había aprendido a observar a las personas, a la naturaleza y todo su medio ambiente. Su predicación denota ese contacto cotidiano con la vida de una aldea, cuyos habitantes viven de la tierra, de ahí su afición a las comparaciones sacadas de la naturaleza y del curso de las estaciones.

Jeremías observa el almendro el «alertador» según el sentido de la palabra hebrea, el primer árbol que se cubre de flores para anunciar la primavera (1.11). Conoce las costumbres de los pájaros como las de la perdiz (17.11), la cigüeña, la tórtola, la golondrina y la grulla (8.7). Conoce el valor del agua para las personas, los animales y la tierra (14.3-6). Y el cuidado que hay que tener con la cisterna, para que no pierda agua (2.13), y con el barro para que no se eche a perder mientras se le trabaja en la rueda (18.1-11). Ha visto plantar viñas con la esperanza del fruto que pone en ellas el labrador (2.21).

Estas observaciones y otras que se pueden deducir de la lectura de su libro revelan un temperamento meditativo, ya que son las cosas más sencillas las que le hablan de Dios y de su obra. Este muchacho sencillo y delicado es al que Dios llama al ministerio profético y, por cierto, no pudo haber escogido a otro mejor.

El éxito a la manera de Dios

> Engañoso es el corazón más que todas las cosas, y perverso;
> ¿quién lo conocerá?
>
> *Jeremías 17.9*

Para nuestra mentalidad occidental y posmoderna, todo parece indicar que un ministerio exitoso es aquel que es respaldado con milagros y portentos. Que hace que las multitudes salgan corriendo a recibir a Jesucristo como Señor y Salvador de sus vidas. Que llena los estadios, parques, coliseos y construye mega templos para acomodar a la gente. Que escribe libros que venden por millones y salen en todos los medios de publicidad imaginables: radio, televisión, internet, redes sociales, noticias internacionales, etc. Pero esto, aunque hasta cierto punto podría considerarse como éxito, no cuadra necesariamente con la vida y ministerio del profeta Jeremías.

Si fuese así, entonces el ministerio de Jeremías fue un estrepitoso fracaso. Y qué decir de los apóstoles de Jesús aparte de Pedro, Juan, Jacobo y Pablo, de los que la Biblia apenas hace mención, y que algunos de ellos pasaron de incógnito. ¿Fracasaron por ello? ¡Absolutamente no! Gracias a ellos es que el evangelio llegó hasta nosotros hoy.

O que pensar del ministerio de Juan el Bautista, del que aparte del bautismo en agua que realizaba en respuesta de su mensaje de arrepentimiento de pecados, no quedó registró alguno de que haya sido protagonista de algún milagro. Y que, al final de sus días, solo un puñado de sus discípulos le seguía, dado que la mayoría de ellos decidió dejarle para seguir a Jesús. Por lo menos, Juan no lo vio así. Nunca tuvo pensamientos negativos respecto a su situación. Juan, por el contrario, sabía que habría de ocurrir, pues el Espíritu Santo se lo había revelado con anterioridad y, a su vez, él se lo había comunicado a sus propios discípulos:

> Vosotros mismos me sois testigos de que dije: Yo no soy
> el Cristo, sino que soy enviado delante de él. El que tiene
> la esposa, es el esposo; mas el amigo del esposo, que está a

su lado y le oye, se goza grandemente de la voz del esposo; así pues, este mi gozo está cumplido. Es necesario que él crezca, pero que yo mengüe.

Juan 3.28-30

¿Se indignó Juan al ver cómo la gente seguía a Jesús y se bautizaban con él (aunque Jesús no bautizaba, sino sus discípulos) mientras a él venían cada vez menos personas y que su ministerio en vez de crecer mermaba? ¡Para nada! Juan sabía cuál era su llamado, para qué había nacido y para quién lo hacía. El profeta Isaías, siglos antes, profetizó de Juan diciendo:

Una voz clama en el desierto: «Preparen el camino del Señor; enderecen en el páramo una calzada a nuestro Dios».

Isaías 40.3

Juan fue ese hombre del que hablaba el profeta. Y las Escrituras registran cómo se humilló para que por su humillación el nombre del Señor fuese enaltecido (ver Juan 1.27; 3.30). Juan sabía quién era el grande y para quién era la gloria. ¡Cuánto debemos aprender de su ejemplo!

Refiriéndose a Juan, mientras este esperaba su sentencia de muerte en un frío y tenebroso calabozo en los predios del palacio del rey Herodes, Jesús dijo lo siguiente: «Les digo que entre los mortales no ha habido nadie más grande que Juan» (Lucas 7.28).

¿Cuál debería entonces, ser la conclusión a la que podemos llegar? La respuesta es clara. Que el éxito no se mide por lo que se puede ver, palpar o cuantificar; el éxito se mide por lo que hay dentro del corazón de aquellos que son llamados por Dios para ser profetas a las naciones, pueblos, aldeas, iglesias y, muy importante, dentro de su propia casa.

Una vez más, afirmamos que los padecimientos de estos grandes hombres de Dios, los de la iglesia durante toda su historia, incluso los del mismo Jesucristo fueron parte de un plan divino. Al ver los resultados de la obra de cada uno, podemos concluir que lo que Dios hace siempre tiene sentido, aunque parezca ser todo lo contrario. ¡Dios nunca se equivoca!

El dulce fruto de la obediencia

> Por tanto, así dijo Jehová: Si te convirtieres, yo te restauraré,
> y delante de mí estarás; y si entresacares lo precioso de lo
> vil, serás como mi boca. Conviértanse ellos a ti, y tú no te
> conviertas a ellos.
>
> *Jeremías 15.19*

Sin duda alguna, en un mundo tan lleno de prejuicios como el que vivimos, confesar que eres cristiano te podría costar el trabajo, ser juzgado por la sociedad y hasta ser perseguido; y un ministerio como el del profeta Jeremías sería algo al que muy pocos podríamos aspirar. Nuestra mente finita no concuerda en ocasiones con los planes de Dios porque no siempre los entendemos, incluso a veces los cuestionamos. Nos preguntamos constantemente, ¿cómo un Dios de amor y misericordia permite el sufrimiento de sus ungidos en lugar de darles bienestar y prosperarlos mientras le sirven por el mundo? Tampoco parece tener sentido que nos envíe a predicar a un lugar donde se nos ignorará como se ignoraba a los enfermos, a las mujeres, a los pobres y a los niños en los tiempos de Jesús.

Jeremías nos da cátedra de lo que significa obedecer a Dios hasta el final sin importar cuán duras pudiesen ser las circunstancias que por causa de la fe tengamos que experimentar. Todo era cuestión de tiempo, antes de que este tremendo hombre de Dios se convirtiera en uno de los profetas mayores de la historia de Israel. Sus profecías no colapsaron, pues todas, sin excepción, se cumplieron tal y como fueron predichas. Es cierto que en su ministerio sufrió mucho y hubo momentos difíciles en los que el profeta llegó a desanimarse y hasta pensar en abandonar su misión tras atravesar una verdadera crisis vocacional. Sin embargo, tras ser amonestado amorosamente por el Señor, desistió de la idea y continuó ejerciendo su ministerio con el mismo amor con el que lo comenzó (ver Jeremías 15.15-21).

La mayoría de los profetas, apóstoles, pastores y evangelistas de hoy reconocen el gran legado que el libro del profeta Jeremías ha aportado para la iglesia y para la vida ministerial. No obstante, en las últimas décadas, más que en ningún otro tiempo de la historia cristiana, se predica más sobre los relatos que consideramos positivos, altruistas, motivadores, de prosperidad y de otros en esa línea. Poco se dice de los sufrimientos de hombres como Jeremías, Abraham, Moisés, José, Habacuc, Amós, Daniel… los apóstoles, así como los de Cristo y de lo que significa llevar su cruz para seguirle (Mateo 16.24). Para algunos, ese mensaje no atrae multitudes, no llena templos, ha pasado de moda. La cruz ha sido quitada de los templos, así como del corazón de las multitudes. Y por ello tendremos que dar cuentas a Dios.

Todos, sin excepción, en algún momento dado pasamos por momentos difíciles mientras caminamos por la senda que Dios nos ha trazado. Cada una de esas experiencias nos hacen crecer y madurar en la fe. Además, nos sirven para manejar mejor nuestras futuras crisis existenciales, ministeriales y familiares; así como las de las personas a las que nos toca servir.

A Jeremías se le conoce vulgarmente como «el profeta llorón», y no por ser melancólico como afirman algunas teorías de la psicología moderna, sino porque sentía la misma angustia de Dios al ver la manera en que su pueblo escogido una vez más le volvía la espalda y, como consecuencia, sufrían el fruto de su desobediencia siendo llevados cautivos a tierras lejanas llenas de paganismo. Este mismo sentir que hubo en el profeta Jeremías fue el que experimentó Jesús cuando, de la misma forma, su pueblo Israel tuvo en poco el día de la visitación mesiánica. Este suceso histórico fue registrado con suma delicadeza por el evangelista Lucas cuando dijo:

> Al acercarse a Jerusalén, Jesús vio la ciudad delante de él y comenzó a llorar, diciendo: «¡Cómo quisiera que hoy tú, entre todos los pueblos, entendieras el camino de la paz! Pero ahora es demasiado tarde, y la paz está oculta a tus ojos. No pasará mucho tiempo antes de que tus enemigos construyan murallas que te rodeen y te encierren por todos lados.
>
> *Lucas 19.41-43*, NTV

El libro de Lamentaciones, también de su autoría, nos muestra con claridad cuántas lágrimas derramó Jeremías producto de esa desobediencia de la que hemos estado hablando. En lugar de entristecernos, sus lágrimas nos dan cátedra de que es mejor ser incomprendidos por predicar la verdad de la Palabra de Dios y sufrir dolor y rechazo, que desobedecer los estatutos divinos y ser aceptados por la sociedad y caminar viviendo de las apariencias, cuando en realidad nos estamos muriendo por dentro sin darnos cuenta.

Me hace recordar el cuento de la mariquita. La mariquita es un insecto muy pequeño y de hermosa apariencia. Sus alas forman una cápsula a su alrededor color rojo brillante con puntos negros. Estos insectos habitan entre la hierba, los ríos y las flores y son fáciles de capturar. Aunque se les ve caminando con hermosura como si estuviese modelando su preciosa y colorida apariencia, en ocasiones sucede, sin que la mariquita se dé cuenta que unos gusanillos se le alojan por la parte inferior de su cuerpo y poco a poco se la van comiendo, causándole una muerte lenta. Por fuera se sigue viendo impecable y no se percibe que nada malo le esté sucediendo, pero por dentro la vida se le va desprendiendo minuto a minuto hasta morir. Así son los que escogen agradar a los hombres antes que a Dios su creador.

En momentos en que nos toque padecer por causa del evangelio, las hermosas palabras del salmista nos sirven de aliento, consuelo y esperanza para perseverar en la fe y seguir proclamando voz en cuello que Cristo es el Señor, para la gloria de Dios Padre.

> Irá andando y llorando el que lleva la preciosa semilla; mas volverá a venir con regocijo, trayendo sus gavillas.
>
> *Salmo 126.6*

Y una vez más dice:

> Tú llevas la cuenta de todas mis angustias y has juntado todas mis lágrimas en tu frasco; has registrado cada una de ellas en tu libro.
>
> *Salmo 56.8*

La santa misionera Madre Teresa de Calcuta antes de morir dijo lo siguiente:

> Nuestros sufrimientos son caricias bondadosas de Dios, llamándonos para que nos volvamos a él, y para hacernos reconocer que no somos nosotros los que controlamos nuestras vidas, sino que es Dios quien tiene el control, y podemos confiar plenamente en él.

Y Jesús, el Hijo de Dios, en el sermón del monte expresó:

> Bienaventurados sois cuando por mi causa os vituperen y os persigan, y digan toda clase de mal contra vosotros, mintiendo. Gozaos y alegraos, porque vuestro galardón es grande en los cielos; pues así persiguieron a los profetas que fueron antes de vosotros. Vosotros sois la sal de la tierra.
>
> *Mateo 5.11-13*

¡No es esto grandioso!

Querido amigo, en ocasiones los planes de Dios para nuestras vidas son ininteligibles. En vez de buscar una respuesta para todas tus interrogantes, procura obedecer a Dios siempre. Dios sabe lo que hace pues él conoce el final desde el principio. Lo que Dios hace siempre tiene sentido, y tú eres parte de su grandioso plan para hacer de este mundo un mejor lugar donde vivir. ¡Levántate! Alza tu voz y dile al mundo cuánto los ama el Señor. Y regocíjate, porque tu galardón será grande en los cielos… (Mateo 5.12).

Capítulo 12

Inexplicable

[Cristo] se despojó a sí mismo y tomó forma de siervo,
y se hizo semejante a los hombres;
y estando en la condición de hombre,
se humilló a sí mismo y se hizo obediente hasta la muerte,
y muerte de cruz.
Filipenses 2.7-8

Cliff Barrow cuenta que una vez sus dos hijos pequeños hicieron algo malo. Aunque les había advertido amablemente, éstos volvieron a desobedecer y tuvieron que ser disciplinados. El tierno corazón de Cliff sufría al pensar que tenía que castigar a sus hijos que tanto amaba. Entonces, les pidió a sus dos hijos que lo acompañaran a su habitación; se quitó el cinturón y la camisa y con la espalda desnuda, se arrodilló junto a su cama. Después, le dijo a cada uno de ellos que le pegaran diez veces. ¡Cómo lloraron! Pero alguien tenía que ser castigado. Los niños no dejaban de sollozar mientras azotaban la espalda de su papá. Luego Cliff los abrazó y los besó y oraron juntos. «Me dolió, recuerda él, pero nunca tuve que volver a castigarlos».[1]

Con este ejemplo de Cliff, quiero presentarles de manera práctica la siguiente y última historia de este libro. La he dejado para el final, no porque sea la menos importante; todo lo contrario, precisamente porque es la más importante y significativa de todas y porque recoge

---

[1] Dennis De Haan, *Nuestro pan diario* (Illinois: Tyndale House Publishers, 2009), 311.

de forma magistral la esencia de todas las historias descritas no solo en el libro que tienes en la mano, sino en toda la Biblia.

Anteriormente habíamos hablado de la manera en que Dios elige a hombres comunes y corrientes y que luego los envía para que cumplan grandes hazañas, que al principio eran excepcionalmente incomprensibles, ridículas, escandalosas y hasta descabelladas. Sin embargo, se desprende de cada una de estas historias que cuando las personas que Dios había elegido cumplían sus órdenes, aun cuando no entendían el porqué de tal encomienda, lograron alcanzar grandes y sorprendentes victorias, hicieron innumerables proezas y realizaron obras extraordinarias que impactaron positivamente no solo sus propias vidas, sino también la de miles de personas. Esto deja por demostrado que, aunque por nuestro limitado entendimiento no podamos alcanzar a comprender los pensamientos y los planes de Dios puesto que son insondables, podemos estar tranquilos y confiados, pues como dice el profeta: «sus planes siempre son de bienestar y no de calamidad a fin de darnos un futuro lleno de esperanza» (Jeremías 29.11).

Aquí, no obstante, no hablaré de otro hombre singular, aunque excelentes sino del más grande y excelso de todos: Jesucristo el Hijo de Dios. El relato que he seleccionado pertenece a una de las porciones doctrinales más importantes de todo el Nuevo Testamento, específicamente en Filipenses 2.5-11. Y nos llega de la tinta del apóstol Pablo, quien lo escribe entre la sombra y la humedad de una fría prisión romana, donde injustamente cumplía sentencia por predicar a Jesucristo, el que por ellos fue crucificado. La dirige a una iglesia fundada por él, una de las más leales, desprendida y amorosa a la que el apóstol amaba entrañablemente: la iglesia de Filipos.

En muchos sentidos, este es el pasaje más importante y conmovedor que Pablo escribiera en todas sus cartas acerca de Jesús. El mensaje es contundente e inequívoco. Su esencia se encuentra en la sencilla afirmación que hizo Pablo a los corintios: «Que Jesús, aunque era rico, por amor a nosotros se hizo pobre, para que vosotros con su pobreza fueseis enriquecidos» (2 Corintios 8.9).

Nos llega, porque al parecer, Pablo recibió información sobre algunas diferencias acaecidas en el pleno de la iglesia en Filipos y, como el buen pastor que ama a sus ovejas, exhorta a sus queridos hermanos a permanecer unidos, motivados por el vínculo del amor, la concordia, la solidaridad y la humildad a imitación de Jesucristo. A pensar en los demás antes que en los intereses propios. A llevar una conducta digna de la profesión cristiana.

Como un padre que se preocupa por el bienestar de sus hijos, les muestra que su alegría sería alcanzada solo si abandonan el egoísmo o la vanidad que los hace descender en su relación con Dios y con el prójimo. Y que, contrario al espíritu del mundo, velen por los intereses ajenos en lugar de por los propios.

Esa es la actitud que el apóstol deseaba que los filipenses practicaran ya que, entre algunos como sucede en toda congregación, había cierta animosidad como ocurría con Evodia y Síntique mencionadas en el capítulo cuatro verso dos. Para lograr su objetivo, Pablo les exhorta a tener «la misma actitud» (sentir, mente) «que hubo en Cristo Jesús» (Filipenses 2.5). Interesantemente, Pablo no se propone a sí mismo como ejemplo aunque como padre espiritual tenía todo el derecho de hacerlo, sino a uno más alto y sublime que él: a Cristo el Señor. Aquel ser sublime que como veremos, no buscó lo suyo primero, sino que se despojó de su naturaleza divina, tomó para sí nuestra naturaleza y luego proseguiría humillándose aún más en dicha naturaleza (Romanos 15.3).

Para el apóstol, el ejemplo de Cristo es su mejor carta de presentación y la mejor manera de exponerlos al mayor acto de amor y desprendimiento registrado en toda la Escritura. Para ello utiliza una historia de carácter narrativo, que comienza con la preexistencia de Cristo, continúa con su encarnación, incluyendo su muerte en la cruz, y concluye con su retorno al cielo como el Señor exaltado de cielo y tierra (ver Filipenses 2.6-10).

La preexistencia de Cristo

Para lograr su propósito, Pablo comienza la narración hablando de «la preexistencia de Cristo», indicando lo que su divinidad supone y lo que no. La fuerza principal de la proposición está bastante clara: para Cristo, «Ser igual a Dios» está en consonancia con lo que el mismo Señor dijo: «el que me ha visto a mí, ha visto al Padre» (Juan 14.9).

Ese (Cristo) que, desde antes de la fundación del mundo «existía en forma de Dios», con una gloria igual a la del Padre, «es igual a Dios», al Padre (Juan 17.5). Esto ofrece una doble vertiente de gran relieve para lo devocional: Primero, en Jesucristo habita la plenitud de la Deidad (Colosenses 2.9): todo lo que hay en Dios, lo hay en Cristo. El trono es de «Dios y del Cordero» (Apocalipsis 22.1). Jesucristo se merece el mismo amor, el mismo respeto, la misma obediencia que Dios. Segundo, en Dios no hay absolutamente nada que no esté en Cristo. Así que, al mirar a Jesús humilde, tierno y amoroso estamos contemplando a Dios.[2]

Con esta afirmación cristológica, Pablo quiere aclarar lo que verdaderamente esto significa; que la «igualdad con Dios» no es algo que no tenía y que deseaba, sino que «siempre» la ha tenido. Que Jesús era esencial e inmutablemente Dios.

En segundo lugar, Pablo está intentando mostrar el gran contraste que hay entre el hecho de que Cristo existía «en «forma» de Dios» y la proposición principal, «se despojó a sí mismo». Por eso empieza diciendo que ser igual a Dios es algo que era inherente a Cristo en su preexistencia, que como hemos señalado, es una afirmación frecuentemente descrita en los libros neotestamentarios (ver Juan 1.1, 10.30, 12.45, 14.7-10, 20.28; Hebreos 1.3; Apocalipsis 19.16).

¿Cuál es esta «forma de Dios»? La majestad imponente, soberana, que de su infinita trascendencia divina emana. En esta «forma» gloriosa renunció «el Señor de la gloria» (1 Corintios 2.8, cf. Juan 17.5). No obstante, el ser igual a Dios, contrario a lo que algunos piensan, «no» significó que Cristo «tomara o se aprovechara», como hacían los «dioses» y «señores» que los filipenses habían conocido anteriormente; tampoco era algo «a lo que aferrarse para sacar provecho», como hubiera sido la actitud normal de alguien poderoso y la muestra más baja de egoísmo. Por el contrario, la mejor expresión de esa igualdad con Dios fue cuando «se despojó a sí mismo».[3]

Abraham, Moisés, Eliseo, Gedeón y muchos otros grandes héroes de la fe se despojaron de sus familias, de su entorno, de sus profesiones, de sus posesiones e incluso de sus pasadas creencias religiosas para

---

2 Matthew Henry, *Comentario bíblico de Matthew Henry* (Barcelona: CLIE, 1999), 1696.
3 Gordon D. Fee, *Comentario de la epístola a los filipenses* (Barcelona: CLIE, 2004), 278.

alcanzar la promesa, pero Cristo fue más allá. Cristo no se despojó de algo; sencillamente se «despojó de sí mismo», se entregó, se deshizo de su reputación, se anonadó. La verdadera humillación de la encarnación y de la cruz es que el que era Dios, y que durante todo el proceso nunca dejó de ser Dios, abrazara una vocación así.[4] Y ello, ciertamente es algo que humanamente no se puede explicar con palabras, solo y únicamente por medio de la fe y por la revelación del Espíritu Santo como ha ocurrido en la descripción paulina de esta magnificente cristofanía.

Cristo se rebajó voluntariamente

Como hemos afirmado, este desprendimiento no es constitutivo de que Cristo haya dejado de ser Dios. Cristo nunca se despojó de la plenitud de su divinidad ni de su «ser igual a Dios»; sino entre su ser «en la forma de Dios», es decir, en su gloriosa «automanifestación» externa, y en haber tomado «la forma de siervo», por lo cual se deshizo en gran medida de su precedente «forma» o de su externa gloria «automanifestante» como Dios.[5]

La frase es la traducción del verbo *kenosis*, que significa literalmente «vaciar el contenido». Entendemos por «vaciar» que hizo a un lado todos los privilegios y atributos que le correspondían como Dios. No consideró enriquecimiento de sí, esto es, la oportunidad de engrandecimiento propio, sino que se vació de la honra, la majestad, la gloria, el poder, la sabiduría y la potestad que le pertenecían: una entrega verdadera y absoluta.

Jesucristo rindió de manera voluntaria la gloria de la divinidad para asumir su humanidad. Es inútil preguntar cómo; pues humanamente es «inexplicable» y no podemos más que permanecer henchidos de santo temor al contemplar por la fe al que es Dios todopoderoso hambriento, cansado y en lágrimas.[6] Aquí, en un último esfuerzo del

---

4 N. T. Wright, *El verdadero pensamiento de Pablo* (Barcelona: CLIE, 1997), 79. Citado por G. Fee.

5 R. Jamieson, et all, *Comentario exegético y explicativo de la Biblia: Nuevo Testamento* (Texas: Casa Bautista de Publicaciones, 2002), 550.

6 William Barclay, *Comentario al Nuevo Testamento: Filipenses* (Barcelona: CLIE, 1999), 45.

lenguaje humano, se atesora la verdad salvadora de que el que era rico se hizo pobre por amor a nosotros.

Ahora bien, esto no puede menos que traernos a la mente la conducta totalmente opuesta del más alto querubín y del primer ser humano, el primer Adán. Si el personaje simbolizado por el rey de Tiro en Ezequiel 28 es Satanás, como opinan los mejores exégetas, su deseo de ser como Dios y escalar el trono de Dios (Ezequiel 28.2. ver también Isaías 14.13 para expresiones similares), está en total contraposición al sentir de Jesucristo. Lo mismo decimos de nuestros primeros padres, quienes sucumbieron a la tentación de Satanás cuando pretendieron ser como Dios (Génesis 3;5), por medio de su propio camino contra la voluntad de Dios. Frente a estas actitudes de «rebeldía» orgullosa y autosuficiencia, tenemos la actitud de «sumisión» absoluta, propia del esclavo, de Jesucristo, quien «siendo igual a Dios», se despoja del manto regio de la divina majestad para vestirse con la librea del esclavo servidor.[7]

Cristo se hizo esclavo

> Padre mío, yo no aspiro a escalar tu trono y ser el dominador del Universo, yo solo quiero ser un esclavo tuyo. ¡Aquí me tienes para hacer tu voluntad!
>
> *Hebreos 10.7*

En su encarnación, Cristo recorre un camino descendente y empinado. No solo se hace humano, sino el de la escala social más baja entre ellos; se hizo esclavo (gr. *doulos*); del infinito de la majestad suprema, al cero de la ínfima servidumbre.

Al esclavo en la sociedad grecorromana se le negaban los derechos humanos más básicos. Del mismo modo, Cristo no quiso aprovecharse del privilegio de su deidad y, negándose a hacer uso de ese derecho, padeció en carne propia los sufrimientos de un esclavo en su cruda realidad. Por eso le vemos lavándole los pies a sus discípulos, preparándoles desayuno y afirmando que no había venido a esta tierra para ser servido, sino para servir (ver Mateo 20.28; Juan 13.3-10; 21.9-13).

---

[7] Matthew Henry, 1696.

Aunque al hacerse esclavo conllevaba una estigmatización muy grande, esto no impidió que el propósito de la encarnación de Cristo se cumpliera a cabalidad: liberar al ser humano de la esclavitud del pecado y del infierno. Por una de las paradojas divinas, no era el Dios majestuoso, sino el Cristo hecho esclavo, el que había de destruir, por medio de la muerte, el poder del diablo (Hebreos 2.14b). Solo Cristo es capaz de romper el yugo del pecado que esclaviza a los seres humanos, puesto que era el único sobre quien no tenía poder el príncipe de este mundo (Juan 14.30). Vino a liberar a los pecadores (Juan 8.36). Para romper las cadenas de su esclavitud, consintió él mismo en adoptar una condición de esclavo, una carne semejante a la del pecado (Romanos 8.3), y en ser obediente hasta la muerte de cruz. Cristo se hizo siervo no sólo de Dios, sino también de los hombres, a los que de esta manera rescató de una vez y para siempre (Mateo 20.28).

Mantenernos libres de todo pecado es nuestro mayor desafío y, a la vez, nuestra mayor satisfacción. Cristo «nos libertó» para que vivamos libres de toda opresión. Así lo afirma Pablo cuan dijo: «por lo tanto, manténganse firmes y no se sometan nuevamente al yugo de esclavitud» (Gálatas 5.1). Y también, Juan el evangelista recalca: «Así que, si el Hijo los libera, serán ustedes verdaderamente libres» (Juan 8.36).

Humillado hasta lo sumo

> Nosotros somos seres de carne y hueso. Por eso Jesús se hizo igual a nosotros. Sólo así podía morir para vencer al diablo, que tenía poder para matar a hombres y a mujeres.
>
> *Hebreos 2.14,* TLA

En el mundo de Jesús, de Pablo y los filipenses, socialmente hablando, la crucifixión era lo más bajo a lo que se podía llegar. La crucifixión era la forma más cruel de ejecución en el Imperio romano y, aunque podían crucificar a un ciudadano romano si era culpable de alta traición, normalmente se reservaba para los criminales y para las clases más bajas, sobre todo para los esclavos y los extranjeros.

No se solía dar detalles de cómo era el proceso, en parte porque no era de buena educación hablar del tema de la crucifixión y en parte porque a los verdugos se les permitía dar rienda suelta a su creatividad cruel. No obstante, se sabe que por lo general la víctima era torturada de diversas maneras, luego se la asía a la cruz fijándola con clavos, con algún otro tipo de objeto, atándola o haciendo uso de las tres técnicas a la vez. Morían de forma lenta (a veces incluso agonizaban por varios días), desangrándose lentamente, pasando hambre y sed, expuestos al candente sol, al frío nocturno, al ataque de animales y finalmente morían por asfixia.

Pero todavía hay más. Como si no bastara con la humillación, la tortura y la posterior muerte del sentenciado, la crucifixión llevaba un estigma aún más pesado que el madero que cargaban los reos sobre sus hombros: «la maldición». Desde tiempos inmemoriales, a las personas sentenciadas a muerte por medio de la crucifixión se les consideraba como «malditas» no solo por la sociedad, sino por Dios mismo (ver Deuteronomio 21.23; Gálatas 3.13). Por eso, en Israel nadie utilizaba la cruz como símbolo de su fe; no la llevaban de adorno colgado del cuello ni la dibujaban sobre sus pergaminos, tampoco la colocaban en sus lugares de culto. La cruz era un escándalo para Dios y para ellos, pues era una contradicción según la sabiduría y el poder humanos. Aquel al que adoraban como Señor de todo, también del César, había sido crucificado como criminal en manos de uno de los procónsules de César. Aquel que era el Todopoderoso se había hecho hombre, eligiendo el camino de un «Mesías» que había de morir por crucifixión.

Por esta y otras razones es que Jesús fue tratado con el mayor desprecio e indiferencia imaginables: blasfemado, maltratado, deshonrado, humillado por todos, incluso por los religiosos, abandonado por los suyos, dejado en vergüenza. Un total oprobio.

Sin embargo, aunque conocía lo que esto representaba, Jesús no dio vuelta atrás de su proyecto divino. Vino en cumplimiento profético para salvar lo que se había perdido, por lo que estuvo dispuesto a pagar el precio más alto posible por nuestra redención: su propia vida. Su amor y su obediencia al Padre lo llevó a esa cruenta cruz, pero sin duda alguna, lo volvería a hacer. Así de grande es su amor por ti y por mí. ¡Jesús lo volvería a hacer!

Cristo pasó de la posición más elevada a la más baja, precisamente porque ese amor entregado fue una expresión de su deidad. Solo un verdadero Dios podría soportar lo que Jesús sufrió y al final desear que su Padre perdonara a los verdugos, porque no sabían lo que hacían (Lucas 23.34). ¡Qué amor inmensurable el de Jesús!

Exaltado hasta lo sumo

> Así que Cristo, a pesar de ser Hijo, sufriendo aprendió lo que es la obediencia; y al perfeccionarse de esa manera, llegó a ser fuente de salvación eterna para todos los que lo obedecen, y Dios lo nombró Sumo sacerdote de la misma clase que Melquisedec.
>
> *Hebreos 5.8-10*

Si la historia de Jesús hubiese terminado con la crucifixión, tendríamos razón para pensar que lo descrito por el apóstol Pablo no es otra cosa que una historia de un hombre bueno, que luego de un breve tiempo de actuación, acabó su existencia prematuramente y de un modo cruel, sin haber conseguido ningún tipo de éxito palpable o visible. Pero la historia no termina como una interesante historia de un mártir al que podemos estudiar en una clase de historia o de filosofía; todavía falta lo mejor, lo más importante, «su exaltación».

Tras su sacrificio y posterior resurrección de la muerte, Dios respondió a la obediencia de Jesús de dos formas: «lo exaltó hasta lo sumo» y «le otorgó el nombre que está sobre todo nombre». Al vencer al aguijón de la muerte y despojar a los principados y a las potestades, exhibiéndolos públicamente y triunfando sobre ellos en la cruz (Colosenses 2.15), «Dios lo superexaltó» hasta el punto de partida: no solo al de su igualdad con Dios, sino al de «la forma gloriosa del Padre» (ver Juan 17.5), de la que voluntariamente se había despojado para tomar «la forma anonadante de esclavo».

En esta exaltación va incluido lo que leemos en la segunda parte del mismo versículo: «Y le otorgó el nombre que (está) sobre todo nombre». ¿A qué nombre se refiere Pablo? El contexto posterior da la respuesta. Ese nombre es el de «Jesús» (v. 10) en su pleno significado del hebreo Yeshúa, esto es, ¡Dios salva! Es cierto que este nombre le fue impuesto antes de ser concebido (Mateo 1.21; Lucas 1.31), pero solo después de llevar a cabo la obra de la redención de la humanidad, obtuvo tal nombre su pleno sentido soteriológico.

Otro dato importante es que ese nombre «que sobrepasa todo nombre», representa un «título y una autoridad» que expresa el nuevo estado en que se encuentra Cristo, y el nuevo orden en que se regirá el universo. Ese «título» expresa la nueva realidad de Cristo glorificado, que lo coloca por encima de todos los demás seres.[8]

Esto implica que todo ser viviente, sin importar su prominencia, poder, autoridad, procedencia, ya sea del cielo (ángeles, serafines, querubines), de la tierra (gobernantes, reyes, emperadores, faraones, príncipes, presidentes, primer ministro, cancilleres, gente común, etc.), de debajo de la tierra (Satanás, demonios, principados, potestades, huestes de maldad, los muertos), ¡todos!, sin excepción, tendrán que reconocer el señorío de Jesucristo y postrarse ante su presencia en señal de reverencia y adoración al único y verdadero Dios. A Aquel que dijo: «Tan cierto como que yo vivo —dice el Señor—, ante mí se doblará toda rodilla y toda lengua confesará a Dios» (Romanos 14.11, par. Isaías 45.23).

¡Quién lo habría imaginado! Dios hecho hombre, que venció a la muerte y al pecado y restituyó a la humanidad su salvación y vida eterna y dejó al Espíritu Santo en representación suya para que los guíe hasta el día en que el Señor regrese en gloria (ver Apocalipsis 19.11-16).

Los secularistas buscan respuestas en la filosofía humana y el conocimiento. Las religiones del mundo miran las enseñanzas de sus fundadores ya fallecidos: Mahoma, Buda, Confucio y otros tantos. Los cristianos, sin embargo, se aferran «al Cristo exaltado por Dios». Al que rige a las naciones con cetro de justicia. Al que pone y quita reyes. Al Sempiterno, al Incomparable, al Inmolado, al Cordero de Dios. «El que es y que era y que ha de venir, el Todopoderoso» (Apocalipsis 1.8). ¡A él sea la alabanza, la honra, la gloria y el dominio por los siglos de los siglos! (Apocalipsis 5.13).

---

[8] Pedro Ortiz, *Carta a los filipenses.* Comentario bíblico latinoamericano (Estella (Navarra): Verbo Divino, 2007), 949.

Inexplicable

Difícilmente podríamos encontrar otro pasaje que nos presente la absoluta realidad de la divinidad y la humanidad de Jesús de una manera tan conmovedora, ni de una manera tan viva el sacrificio que él hizo cuando se despojó de su divinidad y asumió su humanidad. ¿Cómo sucedió? No lo puedo explicar; pero es el misterio de un amor tan grande que, aunque no lo podamos comprender plenamente, podemos experimentarlo benditamente y adorarlo.[9]

El ejemplo del Mesías nos ayuda a entender más cabalmente a qué se refería Pablo cuando, al inicio de este pasaje, nos dejó la siguiente exhortación: «Sean humildes, es decir, considerando a los demás como mejores que ustedes. No se ocupen solo de sus propios intereses, sino también procuren interesarse en los demás» (Filipenses 2.3-4, NTV).

El motor que impulsa al Mesías hasta la muerte es la sujeción a la voluntad del Padre. Su ejemplo nos muestra que la obediencia a Dios no es negociable. Cuando declaramos que Cristo es nuestro Señor, nos ubica en la misma dinámica, donde debemos renunciar a dirigir nuestros propios destinos y darle ese privilegio a Dios. La vida entera será necesaria para aprender a vivir en completa y absoluta sumisión a él.

Una y otra vez, las Escrituras nos exhortan a humillarnos si queremos ser exaltados (ver Mateo 23.12; Lucas 14.11; 18.14; 1 Pedro 5.6-7). Si la humildad, la obediencia y la autorrenuncia fueron las características supremas de la vida de Jesús, también deben ser las señales características de nosotros los cristianos. El egoísmo, velar por nuestros propios intereses y alardear de lo propio destruyen nuestro parecido con él y nuestra relación con nuestros semejantes.[10]

La autorrenuncia de Jesucristo le condujo a una gloria aún mayor. Le aseguró que algún día todas las criaturas del universo, sea en el cielo, en la tierra y hasta en el Seol le adorarán. Jesús se ganó los corazones de las personas, no apabullándolas con manifestaciones de poder, sino mostrándoles un amor sencillo que no pudieron resistir.

---

[9] William Barclay, 23.
[10] *Ibid.*, 24.

No es extraño que Pablo no pueda soportar el triunfalismo en ninguna de sus formas. Por eso le dice a los corintios que de gloriarse lo haría en sus debilidades y no en sus triunfos (2 Corintios 12.9). Este triunfalismo del que se alimentan tantos ministros en estos tiempos va en contra de todo lo que Dios es y hace. Todo el que tome el camino de la cruz será vindicado al final: en el tiempo escatológico.

Por otro lado, está el deseo del prestigio personal. El prestigio es para muchos una tentación aún mayor que la de la riqueza. Ser admirado, respetado y hasta ser adulado son para muchos las cosas más apetecibles. Pero el propósito del cristiano no debe ser alardear, sino pasar inadvertido y mostrar a Dios en cada paso que demos, en cada palabra que pronunciemos, en cada acción que ejecutemos. Hagamos buenas obras, no para que la gente nos alabe, sino para que el Padre que está en el cielo sea glorificado.

Del testimonio de Cliff Barrow se desprende una gran verdad que todos debemos atesorar: que Dios el Juez soberano, no solo nos declaró culpables, sino que también pagó la pena en lugar nuestro. El Justo tomó el lugar de los injustos. Sirva esto como modelo de la actitud que debemos tener, por el hecho de estar unidos a Cristo por medio de su Santo Espíritu.

Así como este padre que escogió padecer en lugar de sus hijos, Cristo padeció una vez y para siempre en nuestro lugar, para que por su sacrificio nuestros pecados fueran perdonados. Él era justo, bueno e inocente y sufrió por ti y por mí para que pudiésemos ser presentados al Padre reconciliados y libres de toda culpa y condenación. Esta historia, llamada «historia de la redención», es la clave que nos da acceso a la presencia de Dios. Atesórala, valórala, apréciala y cuídala como la niña de tus ojos.

No trates de entenderla, es «inexplicable». Así lo concibió Pablo: «¡Qué profundas son las riquezas de la sabiduría y del conocimiento de Dios! ¡Cuán incomprensibles son sus juicios, e inescrutables sus caminos!» (Romanos 11.33). Y, aun así, prosiguió a la meta, al premio del supremo llamamiento de Dios en Cristo Jesús (Filipenses 3.14), porque él conocía muy bien a su Señor, y sabía, que lo que Dios hace siempre tiene sentido.

No quiero terminar con un punto, sino con una coma, pues cuando se habla de Cristo siempre hay hermosas perlas que podemos seguir adquiriendo y compartiendo. Por ello, para finalizar te comparto un hermoso himno de gracia, compuesto por Stuart Townend, titulado «Profundo es el amor de Dios»:

Profundo es el amor de Dios

Profundo es el amor de Dios, tan vasto y sin medida,
Pues a su Hijo entregó a cambio de un perdido.
Qué gran dolor sobrellevó; de Dios sufrió el rechazo.
Y las heridas sobre él son para tantos gloria.

He allí al Hombre en la cruz, mis faltas en sus hombros,
Vergüenza siento al escuchar mi voz entre las burlas.
Por mi pecado estuvo allí llevando todo a cabo,
Su muerte me dio vida a mí ya todo es consumado.

En nada he de gloriarme: talento, fuerza, ciencia.
Me gloriaré solo en Jesús, pues él venció a la muerte.
¿Por qué me da de su favor? No puedo contestarlo,
Pero algo sé de corazón: He sido rescatado.

Bibliografía

Annacondia, Carlos
   1997   *¡Oíme bien, Satanás!* Nashville: Grupo Nelson.

Barclay, William
   1999   *Comentario al Nuevo Testamento: Filipenses.* Barcelona: CLIE.

Craghan, John F.
   2003   *Éxodo: Comentario bíblico internacional.* Estella: Verbo Divino.

De Haan, Dennis
   2009   *Nuestro pan diario.* Illinois: Tyndale House Publishers.

Deane, Guillermo J.
   1939   *David, su vida y sus tiempos.* Texas: Casa Bautista de Publicaciones.

Edersheim, Alfred
   2009   *Comentario bíblico histórico.* Barcelona: CLIE.

Fcc, Gordon D.
   2004   *Comentario de la epístola a los filipenses.* Barcelona: CLIE.

Guillén Torralba, Juan
   1999   *Comentario al Antiguo Testamento* i. Madrid: Verbo Divino.

Henry, Matthew
   1999   *Comentario bíblico de Matthew Henry.* Barcelona: CLIE.

Jamieson, R. et al.
   2002   *Comentario exegético y explicativo de la Biblia: Nuevo Testamento.*
           Texas: Casa Bautista de Publicaciones.

Jamieson, Roberto et al.
   2003   *Comentario exegético y explicativo de la Biblia,* Tomo i. Texas: Casa
           Bautista de Publicaciones.
   2003   *Comentario exegético y explicativo de la Biblia.* Texas: Casa Bautista de
           Publicaciones.

Keil & Delitzsch
   2008   *Comentario al texto hebreo del Antiguo Testamento.* Tomo 1. Barcelona:
           CLIE.

Keller, Timothy
   2011   *Dioses falsos*. Miami: Vida.

Kendall, R. T.
   2021   *Nunca antes pasamos por este camino*. Miami: Casa Creación.

Liardon, Robert
   2008   *Los generales de Dios: Los predicadores de avivamiento*.
           Miami: Peniel.

Martínez, José M.
   1975   *Job: La fe en conflicto*. Barcelona: CLIE.

Meyer, Frederick B.
   2004   *Elías: El portavoz del celo de Dios*. Barcelona: CLIE.

Mulder, Chester O.
   1969   *Josué: Comentario bíblico Beacon*. Kansas: Casa Nazarena de
           Publicaciones.

Ortiz, Pedro
   2007   *Carta a los filipenses*. Comentario bíblico latinoamericano. Estella
           (Navarra): Verbo Divino.

Osteen, Joel
   2023   *Gobierna tu atmósfera*. Consultado el 10 de junio de 2023.
           https://www.youtube.com/watch?v=X2crl_NlGrs&t=144s.

Pagán, Samuel
   2013   *El rey David: Una biografía no autorizada*. Barcelona: CLIE.

Pérez Millos, Samuel
   2020   *Comentario al libro de Josué*. Barcelona: CLIE.

Pikaza, Xabier
   2017   *Comentario al texto hebreo: Jeremías*. Barcelona: CLIE.

Ropero, Alfonso
   2010   *Diccionario manual bíblico*. Barcelona: CLIE.

Schökel, Luis Alonso
   2009   *Biblia de estudio del Peregrino*. Bilbao: Mensajero.

Shaw, Christopher
   2017   *Encuentros diarios con el Dios de la palabra*. Illinois: Tyndale House
           Publishers.

Silva, Kittim
   2010   *Moisés el libertador*. Grand Rapids: Portavoz.

Swindol, Charles
   2000   *Moisés: Un hombre de dedicación total*. Texas: Mundo Hispano.
   2006   *Historias fascinantes de vidas olvidadas*. Texas: Mundo Hispano.

2007   *David: Un hombre de pasión y destino.* Texas: Casa Bautista de Publicaciones.

2010   *Elías, un hombre de heroísmo y humildad.* Texas: Casa Bautista de Publicaciones.

2015   *Abraham: La increíble jornada de fe de un nómada.* Illinois: Tyndale House.

Vila Ventura, Samuel

1985   *Nuevo diccionario bíblico ilustrado.* Barcelona: CLIE.

Walton, John H. et. al.

2004   *Comentario del contexto cultural de la Biblia: Antiguo Testamento.* Texas: Mundo Hispano.

Warren, Rick

2005   *Liderazgo con propósito: Lecciones de liderazgo basadas en Nehemías.* California: Purpose Driven Publishing.

Wiersbe, Warren W.

2009   *Be Determined: Standing Firm in the Face of Opposition.* Colorado: Zondervan.

Wright, Fred H.

2010   *Usos y costumbres de las tierras bíblicas.* Grand Rapids: Portavoz.

Wright, N. T.

1997   *El verdadero pensamiento de Pablo.* Barcelona: CLIE.